GWRTHDARO

Rhan o ddeunydd y project
EHANGU GORWELION

Stanley Thornes (Publishers) Ltd ar ran SCDC Publications

Gwrthdaro (Ehangu Gorwelion)
  1. Interpersonal relationships—For
schools
  I. School Curriculum Development Committee,
Committee for Wales   II. Series
302

ISBN 0-85950-926-5

Cynhyrchwyd ar ran Pwyllgor Cymru PDCY gan:
  Canolfan Adnoddau Addysg, Coleg Prifysgol Cymru, Aberystwyth

Dyluniwyd gan:
  Enfys Beynon Jenkins

SWYDDOG PROJECT – NIA ROYLES

CYDNABYDDIAETH

Diolch i'r holl gyhoeddwyr, gweisg ac awduron a enwir yn y gyfrol hon am eu caniatâd parod i ddefnyddio eu cyhoeddiadau a'u gwaith gwreiddiol.

Cwmni Cydweithredol Cytgord Cyf: tud. 5,40
Tŷ ar y Graig: tud. 30-35
Cristion : tud. 41-43
Cwmni Sain (Recordiau) Cyf: tud. 44
Penguin Books tud. 51
Urdd Gobaith Cymru: tud. 54-56

Dymunir diolch i'r canlynol am bob cymorth a dderbyniwyd wrth lunio'r llyfr hwn:

Marian Delyth: tud. 7, 9, 13, 16, 17, 19, 21, 38, 41
Anthony Evans: tud. 25, 30, 33, 34, 57, 59, 60, 62
Britain on View (BTA/ETB): tud. 39
Seimon Pugh Jones: tud. 44
South Wales Echo: tud. 47, 50
Aled Jenkins: tud. 52, 53

Dymuna Cyhoeddiadau PDCY gydnabod â diolch gyfraniad Canolfan Adnoddau Addysg Coleg Prifysgol Cymru, Aberystwyth, i'r gwaith o baratoi'r defnyddiau prawf ac hefyd am gysodi a chynllunio'r llyfr hwn.

Argraffwyd ym Mhrydain Fawr
yn Argraffty'r Prifysgol, Rhydychan
gan David Stanford
Argraffwr i'r Prifysgol

CYNNWYS

CEFNDIR Y PROJECT

CYFLWYNIAD

Y TESTUN

CEFNDIR Y PROJECT

Ym 1986 derbyniodd Pwyllgor Cymru y Pwyllgor Datblygu Cwricwlwm Ysgolion (PDCY) grant gan y Swyddfa Gymreig i gynnal project i ddarparu deunydd dysgu Cymraeg (iaith gyntaf) i'r ysgolion uwchradd. Mae Cyfadran Addysg Coleg y Brifysgol, Aberystwyth, yn cynnwys y Ganolfan Adnoddau, yn cydweithio â PDCY i gynhyrchu'r deunydd hwn.

Nod y project yw cynhyrchu deunydd i gwrdd ag anghenion cwrs Cymraeg cyfoes, gan fabwysiadu holl athroniaeth Meini Prawf TGAU ynglŷn â bod yn berthnasol i ofynion a diddordebau'r disgyblion. Adeiladwyd hefyd ar athroniaeth sylfaenol y project *Gorwelion* ac y mae'r teitl *Ehangu Gorwelion*, ar un ystyr, yn gydnabyddiaeth i werth parhaol y deunydd hwnnw.

Oherwydd y galw mawr am ddeunydd ychwanegol ar gyfer y cwrs TGAU penderfynwyd canolbwyntio yn gyntaf ar anghenion Blwyddyn 4 a 5, ac ail gyfrol y gwaith hwnnw yw Gwrthdaro. Mae cryn dipyn yn rhagor o ddeunydd i'r oed yma yn cael ei baratoi ar hyn o bryd ac ar ôl cyhoeddi hwnnw fe ddaw deunydd i Flwyddyn 1, 2 a 3.

Yn ogystal â chynnyrch uniongyrchol y project, bwriedir noddi cyhoeddi gwaith atodol a baratowyd gan grwpiau o athrawon o wahanol siroedd. Bydd hwn, yn sicr, yn gyfraniad gwerthfawr.

CYFLWYNIAD

Cyflwyniad yw'r llyfr hwn i her blynyddoedd pwysig yn nhwf pob person, cyfnod yr arddegau.

Mae'r arddegau yn bont rhwng bod yn blentyn a bod yn oedolyn. Weithiau mae'r profiadau newydd yn bleser ac yn gyffrous. Gallan nhw hefyd fod yn drist a chodi braw.

Dyma oed pobl ifanc yn wynebu problemau ac yn cael eu brifo. Dyma'r oed pan fydd cymaint yn cael y teimlad nad oes neb yn eu hoffi, nad oes yr un ffrind go iawn ganddyn nhw, eu bod yn hyll, nad ydyn nhw'n glyfar a'u bod yn fethiant.

Cewch gyfarfod â phobl ifanc ac wrth ddarllen amdanyn nhw a thrafod eu problemau, byddwch, o bosibl, yn deall yn well.

Dim ond enghreifftiau sydd yma. Bydd rhain yn arwain at ofyn cwestiynau ac at siarad am yr hyn sy'n eich poeni chi'n bersonol.

Dianc

Fe fyddai'n braf cael dianc.
Neidio ar feic ieuenctid
a rasio i'r haul.

Gadael i'r awel
  olchi fy ngwallt,
troi fy nghrys agored
  yn adenydd cadarn.

Hwylio i lawr ffyrdd unionsyth,
  gweld y cloddiau'n
  stribedi o ffilm
ar y cof perffaith.

Fe fyddai'n braf
ar ddydd o haf
gael dianc.

W. Dyfrig Davies

Cwmni Cydweithredol Cytgord Cyf.,
Gwasg Ffrancon, Bethesda

GWRTHDARO RHWNG FFRINDIAU

Mentro Gofyn

Jên, Gethin, Rhian, Jason a Mam Jên yng nghartref Jên. Mae ei rhieni wedi mynd mas.

Mae Jên yn ateb drws y ffrynt.

Jên   Heia! Dewch i mewn.

Rhian   Heia ... sori'n bod ni'n hwyr. Collon ni'r bws.

Jason   Helo!

Jên   Heia Jas ... Ydy Geth 'na?

Jason   Wastod yn becso bythdi Geth 'n dwyt ti?

Gethin yn neidio mas.

Gethin   Helo Bwana!

Jên   Oh Geth ... Slej!

Gethin   Heia. Wrth gwrs 'wy 'ma ... Ym, ydyn nhw mas?

Rhian   O ie, ody hi'n saff?

Jên   Ody, ma hi'n saff. Odyn maen nhw mas ... a gyda llaw, maen nhw'n gwbod ych bod chi'n dod.

Saib.

Gethin   Ta ra, 'wy'n parchu nghrôn a'n nhîn!

Jên   Geth, paid â bod yn sofft. Sdim gwahaniaeth 'da nhw!

Gethin   Y?

Jason   Ody dy rieni'n dost?

Jên   Dewch miwn a weda i wrthoch chi.

Mae'n nhw'n mynd i mewn i'r tŷ ac i'r lolfa.

Rhian   Rhywbeth od abythdi hwn Jên, ti'n gwbod. Dy rieni di'n ymddiried ynot ti, a gadel i ni fod 'ma! Od, mwya od.

Gethin   Pe bai hwnna'n digwydd yn 'y nhŷ i, naill ai bydde mam wedi gadel dad a wedi mynd mas ar y gin, neu ...

Jason   Smo dy fam di'n yfed!

Gethin   Nagyw, ond pe bai dad yn gadel, fe fydde hi'n siwr o wneud.

Jên   Gethin!

Gethin   'Wy'n gwbod. Shytyp! O cê 'wy'n shyto ypo. O ceio?

Rhian   Wel, gwed y cwbwl, shwd gest ti wared arnyn nhw? Odd ffeit?

Jên   Nag odd. Syml. On nhw moyn mynd i bwyllgor rhieni. Wedes i mod i eisie cwpwl o ffrindie i ddod draw i gadw cwmni i fi.

Jason   'Wy'n deall. Maen nhw'n credu bod cwpwl o leianod wedi dod 'ma. Jên, tasen nhw'n gwbod 'yn bod ni'n dou 'ma, sen nhw wedi gofyn i'r fyddin ddod 'ma i warchod y tŷ.

Jên   Dim o gwbwl. Wedes i'n onest taw chi odd yn dod i drafod cwpwl o bethe. Byddan nhw'n ôl bythdi hanner awr wedi naw.

Gethin   Dwy awr o ryddid. O cê, ble ma'r lager? Sdim ots, wneith wisgi'r tro. Na, gwell fyth, Tia Maria. Ond pe bai tropyn o frandi 'ma, fe fydden i'n itha bodlon ...

Jên   Gethin, addewais i. Dim ffŷs, dim dwli.

Gethin   Jên, jôc, wir yr, jôc.

Jên   Reit. Coffi i bawb. Ma'r tegell wedi berwi.

Jason   Dim siwgwr i fi.

Gethin   Pownd i fi.

Jên   A dim i Rhian.

Jên yn mynd allan.

Rhian   Pe bai rhieni fel'na 'da fi, fe fydden i lot hapusach.

Jason   Be ti'n feddwl? Pe bai rhieni da ti, ffwl stop, fe fyddet ti'n falch.

Rhian   Dyn nhw ddim cynddrwg â hynny.

Jason   Dodd Draciwla ddim chwaith os ot ti'n *vampire*. 'Wy'n gweud 'thot ti Rhi, 'wy'n sicr bod *voodoo* dol 'da dy fam yn stico pins mewn i fi. Ges i bôn uffernol reit ynghanol y wers Maths 'eddi, a ges i'r weledigaeth ma o dy fam yn stico'i phins gwinio mewn i ddelw fach ohono i.

Rhian   Ti'n darllen gormod o Ast. Clas. Ta beth, pe baet ti wedi torri nghader orau i, fe fydden i'n stico mwy na phins, a nage mewn doli chwaith.

Jason   Ody hwnna'n addewid neu jyst bygwth gwag?

Rhian   O, jyst bihafia Jas.

Jason   Pe gallwn i Rhi, pe gallwn i, fe fyddwn yn hapus megis Jimmy Tarbuck.

Gethin   Ti'n cael pwl, neu beth?

Jên   Dyna ni. A bicis i bawb.

Gethin   *Chocolate digestive*, fy nghariad? Pe bai *chocolate digestive* yno, fe fyddwn yn dy gusanu.

Jên   Garibaldi yn unig.

Gethin   Ffynni.

Jên	Reit, tam' bach o sens. Ma diwrnod rhydd ar Ŵyl Fai. Ma'r pedwar ohonon ni'n moyn mynd i rywle i joio. Y cwestiwn i'w setlo heno — ble?
Jason	Afghanistan.
Rhian	Jason, shytyp. **Ni**'n trio bod yn ddifrifol.
Jason	Sori.
Jên	Y pwynt yw hyn. Fydd dim lot o arian 'da ni a ta beth, pe baen ni'n dod o hyd i drysor hyd yn oed, fe fydden ni'n siwr o wastraffu'r cyfan ar gôcs a geme fideo.
Gethin	Ym, ei dont ffinc sow, rhywfodd.
Rhian	Ble ewn ni 'te?
Jason	Ym... *(Yn mynd i agor ei geg.)*
Rhian	Nawr, os nagoes dim byd call 'da ti i weud, paid â'i weud e.
Jason	Mae'n gall, wir, mae'n gall.
Rhian	Reit, siaraded oracl.
Jason	On i'n meddwl bod hwnna ar yr adfyrts. *(Mae'n gweld yr olwg yn eu llygaid.)* 'Wy'n siarad sens. Drychwch, pe baen ni'n cynilo'n harian, a 'wy'n golygu cynilo

nawr, popeth — dim ffilms, dim clwb ieuenctid, dim byd ond cynilo — fe fydden ni mewn sefyllfa i fynd off am fwy na jyst diwrnod.

Jên	So i'n deall.
Gethin	'Wy'n deall. Penwythnos brwnt, ife Jas? Ie, 'wy o blaid. 'Wy gant y cant o blaid. Pawb sy o blaid i godi'u dwylo ... Cariwyd yn unfrydol. Diolch am eich cefnogaeth i'r syniad gwych hwn. Symudwn at y mater nesa ar yr agenda. Ble i gynnal y cyfryw benwythnos ffiaidd ... *(Mae pawb yn edrych arno fe'n hollol 'fed up' gyda'i agwedd.)* Rhywbeth wedes i, ife? *(Saib.)* Sori.
Jên	Caria mlân, Jas.
Jason	Wel drychwch, fel wedes i, pe baen ni'n gallu cynilo digon o arian, be sy'n 'yn rhwystro ni rhag mynd am y penwythnos cyfan gyda'n gilydd? Bydden ni'n siwr o gael caniatâd 'yn rhieni ... Bws Traws Cambria i'r gog, cwpwl o hosteli ieuenctid, ...
Gethin	Llamu lan a lawr yr Wyddfa deirgwaith ...

Jason	Unwaith, a dweud y gwir. Cerdded tipyn, a gartre dydd Llun i gysgu ...
Gethin	... er mwyn cael digon o egni i wneud y gwaith cartre ar y bws, cyn mynd i'r gwersi. Syniad bril, Jas, ble ni'n mynd?
Rhian	Wel, mae e'n syniad grêt, ody. Ond pe bai mam a dad yn cytuno i hynny fe fydde hi'n chwyldro yn tŷ ni. 'Wy'n cael gwaith eu perswado nhw i ngadel i mas i'r clwb ieuenctid withe.
Jên	Ie, ond os dangoswn ni 'yn bod ni'n gyfrifol, allen nhw ddim 'yn gwrthod wedyn.
Gethin	Sen i ddim yn dibynnu arnyn nhw i gytuno cweit mor rhwydd â hynny. Mae gadel y tŷ am ddwy awr yn iawn, ond tridie mas o'u golwg nhw, bydde *search parties* mas.
Jason	Wel drycha, Geth, oni bai 'yn bod ni'n mentro gofyn, ewn ni ddim pellach na'r drws ffrynt byth.

Sŵn allwedd yn y drws ffrynt.

Jên	Help, pwy sy 'na?
Mam	Dim ond ni — canslon nhw'r cyfarfod athrawon/rhieni. Pam na wedest ti? Helo bawb. Ni'n sbwylo'ch noson chi. Ma dad yn rhoi'r car yn y garej, ar ôl nôl petrol.
Pawb	Helo Mrs Smith.
Mam	Pwyllgor pwysig man 'yn wrth ei golwg hi.
Gethin	Yng nghanol trafodaethau a allai newid cwrs y byd, Mrs Smith.
Mam	'Wy'n siwr Gethin.
Jên	Mam.
Mam	Ie?
Jên	Pe baen ni'n pedwar eisie mynd i ffwrdd 'da'n gilydd am benwythnos i'r gogledd i fynydda a cherdded, fyddech chi'n fodlon?
Gethin	*(Dan ei wynt.)* Mae'n mynd i gael thrombo.
Mam	Beth wedest ti nawr?
Jên	Penwythnos yn y gogledd. Ni 'da'n gilydd.
Mam	Heb dy dad a fi?
Jên	Heb fam na thad. Neb. Jyst ni.
Mam	Wel cariad, 'wy ddim yn credu y byddai hynny'n ... wel ...
Jason	*(Yn sibrwd.)* Jên, ti 'di fflipo neu beth?
Jên	Ryn ni wedi bod yn trafod y peth, mam. 'Wy'n credu 'i fod e'n syniad da.
Mam	Beth ma'ch rhieni chi'n i weud?
Jên	Sneb arall yn gwbod 'to. Chi yw'r cynta.
Mam	Wel, gawn ni weld beth wedith dy dad.

John Owen

Dydd Sadwrn Rhydd

Y pedwar ar y ffordd i Gaerdydd — Gethin, Jason, Rhian a Jên.

Gethin   Mae'n neis cael dianc oddi wrth yr haid.

Jason   Siarad am dy dad a dy fam wyt ti, wrth gwrs.

Gethin   Shwd ddyfalest ti?

Jên   Sdim eisie siarad fel 'na amdanyn nhw.

Gethin   Wel dwi ddim yn teimlo'n arbennig o hyfryd tuag atyn nhw ar ôl rhoi'r caibosh ar fynd i'r gogledd am y penwythnos.

Rhian   Drycha Geth, dodd y syniad 'na ddim yn mynd i weithio, a dweud y gwir. Breuddwyd gwrach odd y cyfan mewn gwirionedd.

Gethin   Beth fytest ti i frecwast — llyfr o idiomau? 'Breuddwyd gwrach', *no less*!!

Rhian   Dyw dewis bod yn dwp, di-chwaeth, hurt ac analluog ddim ar 'yn rhaglen i ar gyfer 'yn nyfodol, Gethin, felly lan eich trwyn, megis.

Jason   Ym, ma pedwar ffrind man hyn, ôs e? Chi'n gwbod, dydd Sadwrn yn y ddinas, pawb yn hapus ac yn llon gyda'n gilydd.

Rhian   Wedes i ddim byd.

Gethin   Wedest ti 'breuddwyd gwrach' i fod yn fanwl gywir.

Jên   Ac ymatebest ti fel plentyn, fel arfer, fel odd pawb yn ddisgwyl.

Gethin yn symud i sedd arall.

Jên   A dyw rhedeg i ffwrdd ddim yn mynd i helpu'r sefyllfa.

Jason   O, ma hwn yn grêt. Ein hunig ddydd Sadwrn rhydd yn y gwyliau, a ni'n difetha'r cyfan cyn cyrraedd Trefforest.

Jên   Paid â becso amdano fe, daw e rownd nawr cyn cyrraedd Ffynnon-daf.

Rhian   Wyt ti wedi dod â d'arian di i gyd?

Jên   Do, popeth. Wedodd mam gelen i brynu'r siwt 'na, dim ond 'y mod i'n ffindio'r seithbunt odd eisie tuag ati hi.

Jason   Ble ffindest ti seithbunt?

Jên   Gwerthu nghorff.

Jason   Dylet ti 'i werthu e fesul pwys. Gnelet ti ffortiwn!

Jên yn bwrw Jason.

Jason   Jôc — o cê.

Gethin   *(Yn gweiddi.)* Peth unig iawn yw ymdeithio mewn ymdrên ar eich pen eich hun megis bod mewn breuddwyd gwrach efallai!

Pobl yn troi i edrych ar bwy sy'n gweiddi.

Jên   Ma fe 'di fflipo eto.

Gethin   Och gwae fyfi, ys dywedodd Macbeth, ynteu, pan sylweddolodd yntau ei fod yng nghanol breuddwyd gwrach megis.

Jên   *(Yn hisian.)* Gethin, falle bod rhywun yn deall Cymraeg. Byd yn dawel a stopa dynnu sylw at dy hunan.

Gethin   Hisht, wy'n cal breuddwyd gwrach! Hisht, ydw, wy'n breuddwydio bod ffrindiau gyda fi.

Rhian   Hen freuddwyd, 'te.

Gethin   Hunllef gwrachaidd! *(Gweiddi'n uwch.)* Och gwae! Anhyfryd freuddwyd wrachaidd hunllefaidd ...

Jason   Ac ystyried bod Gethin yn chwarae o gwmpas yn y rhan fwyaf o'r gwersi Cymraeg, mae'i Gymraeg e'n itha da ond dyw e?

Person   If you can't keep quiet I suggest you get off at the next stop. It's Whitchurch Mental Hospital.

Gethin   With friends like these I 'aven't gorro go to the hospital. They're drivin me nuts.

Symud yn ôl atyn nhw.

Rhian   Ti'n fodlon nawr — ti wedi gneud ffŵl o dy hunan.

Gethin   Shytyp, gwrach features. Ta beth, Ffynnon-daf yw hwn, nage Whitchurch.

Jên   Digon reit, Geth.

Gethin   Ta beth, dim ond gwrachod maen nhw'n gadel i mewn ar eu pennau'u hunain.

Jên   Digon!!

Daw David i mewn.

Jason   Pidwch edrych, Dave Evans.

Rhian   Rhy hwyr — ma fe di'n gweld ni.

Gethin   Shhiit! Hei Dave!

Dave   Oreit boio? Gonnw Cardiff, are you?

Gethin   Cymraeg Dave, ni'n siarad Cymraeg.

Dave   Never understood tha' — I knows you speak Welsh in school like, but we're nor in school now.

Jên   Nage achos ein bod ni yn yr ysgol ni'n siarad Cymraeg, Dave. Ni 'di bod trwy hyn tyns o weithie o'r blân.

Dave	Ay, I knows tha', I still don understand tho'. Dull. Ol reit then, pam chi'n mynd i Cardiff?

Gethin yn derbyn cic oddi wrth Jên.

Gethin	Merched eisie siopa, ni jyst yn tago mlân 'da nhw.
Dave	Borin — fi mynd i nico.
Jason	Nico?
Dave	Ay, Saturday init, Woolies, Marks an' Sparks — bishi init? Gwell chance i nico pethe.
Gethin	Ti'n dweud y gwir?
Dave	Ay mynd, grêt, efri Saturday. Tyns o bethe. Byth wedi cael dal, fi neb. Ded simple.
Jason	Gwd lad wyt ti Dave.
Dave	Ay, blydi grêt — store detective yn chaso ni las week, pwsho trolis drosodd, fire extinguishers, ddy lot.
Gethin	Ti'n neud e ar dy ben dy hunan Dave?
Dave	No, by myself like.
Gethin	Na beth wy'n meddwl.
Dave	Ay mainly. Butties 'da fi like, mewn gangs o two neu three sometimes. Dibynnu beth ti'n moyn nico.
Gethin	Mae nhad i'n blisman Dave.
Dave	So what!. Ti'n mynd i splito ar fi?
Gethin	Byth.
Dave	Wanna cal go 'da fi today like, Woolies yn Canton. Ded easy.
Jên	Na, Dave, ma pethe 'da ni i neud yng nghanol y ddinas.
Dave	Olreit, fi dod 'da chi. Neis walk in town cynta'. Wedyn, drosodd i Canton.
Rhian	Os cedwi di dy ddwylo yn dy boced Dave, ma croeso i ti.
Dave	Oy Rhian gyrl, yp iwyrs — snob.
Rhian	Jyst gweud 'na gyd. Os ti'n ffansïo mynd i detention centre, dŷn ni ddim.
Dave	Be sy'n bod, girl? Dim ryber nicyrs i stopo'r sh....
Jên	Ni ddim yn gneud pethe fel 'na Dave. 'Na gyd odd Rhian yn trïo ddweud.
Dave	Chi heb gael laff 'te. Dim ond laff yw e.
Gethin	'Ni wedi cyrraedd.
Dave	Come on then. Fi dangos i chi'r ffordd.

Ar y ffordd. Dave yn eu harwain.

Jên	Ni mewn mes nawr. God Gethin, trïa gal 'i wared e. Alla i ddim â stico hwn.
Gethin	Ma fe'n nyts, onest to God. Ma mwy o sens mewn bwgan brain.
Rhian	Neu breuddwyd gwrach?

Dave	Come on 'myn.

Mewn Siop.

Jên	Ble ma Dave?
Gethin	Tu ôl i ti.
Jên	Ble mae'i ddwylo fe?
Jason	Yn 'i boced e.
Rhian	Alla i ddim godde lot mwy o hyn. 'Wy'n gweud tho chi nawr, alla i ddim. Ma fe'n mynd, neu dw i.
Gethin	Wel ma fe wedi bod yn itha call hyd yn hyn a ti'n gweld ... O Arglwydd mawr Jên, ma fe'n dwgyd siwmper.
Jên	Nagyw!
Gethin	Ody wir Dduw, 'wy mynd i ffeinto!
Rhian	Ma hwn yn ridiculous.
Dave	Hei bois come on, 'wy 'di cael jumper!
Rhian	Get lost Dave, jyst get lost.
Ditectif y siop	Excuse me sir, would you wait a moment?
Dave	O bloody hell!

Mae'n taflu'r siwmper a dechrau rhedeg.

Ditectif	Stop!

Cyffyffl mawr.

Rhian	O Iesu, beth wnawn ni nawr?
Gethin	Mor araf ag sy'n bosib, cerddwch at y drws ...
Ail Dditectif	Excuse me, would you mind coming with me ...?

John Owen

Un Jên Sydd

Gethin, ei frawd bach, Dafydd, a'i dad a'i fam.

Tŷ Gethin:

Tad   Gethin, dere mlan wnei di? Mae'n hanner awr wedi wyth!

Gethin   *(Yn gweiddi'n ôl.)* Gellwch chi fynd hebdda i, os ych chi moyn.

Tad   Jyst shiffta dy hunan lawr man 'yn o fewn dwy funud, neu fe fydda i lan 'na.

Gethin   *(Yn gweiddi.)* Addewid neu ryw fath o fygythiad, dad?

Tad   Paid â nhemtio i, byt.

Ystafell wely Gethin:

Gethin   *(Mae'n siarad â'i hunan.)* Ie Jên, wel, y gwir reswm na ddes i i gwrdd â ti ddydd Sadwrn fel y trefnes i odd bod 'yn rhieni yn eu mawr gallineb wedi mynnu nhynnu i, yn gyfan gwbl groes i'n ewyllys i, i weld rhyw anti annelwig dros gant a hanner oed sy'n debygol o adel pob dime o'i ffortiwn i unrhyw un sy'n perthyn o fewn can milltir iddi sy'n gallu siarad Cymraeg, sy'n digwydd bod yn fachgen bythdi pymtheg mlwydd oed a 'wy'n digwydd ffito'r categori. *(Saib.)* O God, Geth, wyneba'r peth — fydde Rambo ddim yn credu'r stori 'na.

Tad   *(Yn gweiddi o lawr llawr.)* Gethin, dwi ddim yn gweud rhagor, shiffta hi!

Gethin   *(Wrtho'i hunan.)* Ma cael rhieni sy'n ych deall chi ac yn cydymdeimlo gyda chi ac yn ystyried eich buddiannau chi drwy'r amser yn gymaint o … gymaint o …

Tad   Gethin!

Gethin   *(Yn sgrechian.)* 'WY'N DOD, OL REIT? 'WY'N *(distaw iawn)* blydi DOD!

Y gegin:

Mam   Stedda fanna a byt dy frecwast.

Gethin   Chi'n swno fel adfyrts i Cornflakes.

Tad   Cia dy ben a byt.

Gethin   Dw i ddim yn teimlo fel dim byd.

Dafydd   Fi sy'n dweud 'na fel arfer. Sdim ysgol heddi, sdim rhaid i ti esgus dy fod ti'n dost wrth bido byta brecwast.

Gethin   Mam, allwch chi ddileu y brawd bach 'ma o'r bydysawd tra mod i'n trio dygymod â bywyd y bore 'ma?

Mam   Pwy ratlodd dy gêj di bore 'ma?

Gethin   Dadi byji manna.

Tad   Geth, defnyddia dy geg i'r bwriad roiodd Duw hi i ti — i fyta, a nage i arllwys dwli ohoni hi.

Dafydd   Ydi Anti Esther yn hen iawn?

Gethin   Mae hi wedi marw mewn gwirionedd — ni'n mynd i weld dymi.

Mam   Gethin, 'wy'n gweud 'tho ti unwaith ac am byth, rhagor o siarad fel'na a sot ti'n cael dod.

Gethin   Addo?

Tad   Rhagor o siarad fel'na, a byddi di'n aros 'ma — am byth.

Gethin   Ma'r N.S.P.C.C. yn whilo am bobl fel chi i'w cosbi nhw. Creulondeb, chi'n gwbod.

Tad   Yfa dy sudd oren, 'na grwt bach da. Ma teirawr o siwrne 'da ni i'r Borth a ni'n moyn cyrraedd cyn cino.

Gethin   Wel, ma hyn yn enghraifft arall o'ch anghysondeb. Gwrthod gadel i fi a'n ffrindie fynd i'r gogledd am benwythnos i

fwynhau, a nawr 'y ngorfodi i i ddioddef erchyllterau gweld y marw yn fyw.

Mam Stopa, stopa nawr. *(Crac iawn.)* 'Na ddigon!

Gethin 'Wy'n jocan, mam.

Mam 'Dw i ddim. Nawr rho'r gore iddi. Ti'n deall?

Gethin Chi'n wyllt iawn, 'te?

Mam Ar ei ben, boi. 'Wy'n grac!

Gethin Sori. Ond 'dw i ddim yn gweld ...

Tad Er mwyn dyn, Gethin, dal dy dafod!

Gethin Plîs dad os galla i ddweud un peth fe fydda i'n dawel.

Tad Un peth.

Gethin Fe anghofies i wir am y dyddiad yma.

Tad Diolch. 'Na'r un peth 'na drosodd.

Gethin Dad. Anghofies i wir. 'Wy wedi neud trefniade i gwrdd â Jên yng Nghaerdydd ...

Mam Ffona hi.

Gethin 'Wy'n ffili. Odd hi'n aros 'da'i whâr nithwr yn ei hostel hi yn y coleg er mwyn dod i gwrdd â fi heddi, ag on ni'n dau yn mynd i gal cino 'da'i whâr yn hwyr y prynhawn 'ma. Onest, pe bai unrhyw ffordd y gallen i gysylltu â Jên i weud wrthi mod i'n ffili cyrraedd, fydde dim ots 'da fi am ddod 'da chi i'r Borth i weld Anti sy'n ddau gant ôd, ond 'wy wedi rhoi 'y ngair i Jên.

Mam A roiest ti dy air i ni wthnose'n ôl y byddet ti'n dod 'da ni.

Gethin Ond anghofies i!

Mam Tŵ bad.

Gethin Mam, ŷch chi'n bod yn hollol afresymol.

Tad A rwyt ti'n dechre colli gafel ar yr ychydig gwrteisi sy ar ôl 'da ti. Gyda dy fam wyt ti'n siarad cofia.

Gethin 'Wy'n flin. *(Saib.)* Sdim siawns 'te?

Tad Gethin, ma mwy o siawns 'da dyn eira i ddala 'sun tan' yn uffern.

Gethin O God, ma Jên yn mynd i fflipo.

Dafydd Fydden i ddim yn becso gormod Geth. Ma digon o ferched yn ych ysgol chi.

Gethin O yfa dy sudd, byt dy gornfflêcs a chaua dy ben. Plîs. Chi yn sylweddoli, dad, bod hyn yn achos ysgariad?

Tad Cariad pur sydd fel y dur yn para tra bo dau.

Gethin Tra bo Jên dad, tra bo Jên.

Mam Reit, os yw pawb yn barod, ma'r gath mas, y ci yn y garej, a'r hewl i'r Borth yn gwahodd. Pawb i'r car.

Tad Dere mlân, Geth, un dydd Sadwrn yw e.

Gethin Un Jên dad, ddy wan an' onli Jên.

Fflat chwaer Jên yn y Brifysgol yng Nghaerdydd:

Mae Jên, ei chwaer hŷn, Alison, a Jim o'r Alban yno.

Alison Deffra, coda, gwisga, rheda, ma bachgen dy ffantasis di wrth y drws.

Jên Nage Gethin yw e, 'te.

Alison Bore da.

Jên Os yw hi cyn hanner dydd, nage fe yw e.

Alison Hanner awr wedi naw yw hi.

Jên Ali, ma eisie o leia tair awr arall o gwsg arna i cyn galla i wynebu'r byd.

Alison Yn absenoldeb hynny, wneith sleisen o dost a dishgled o goffi'r tro?

Jên Menyn neu marj?

Alison Grant myfyrwyr — Outline.

Yn codi ar ei heistedd.

Jên Shwd oedd y llawr?

Alison Cyfarwydd â chysgu ar hwnna nawr. Ma rhywun 'ma byth a beunydd.

Jên Neb gwrywaidd gobitho, neu bydda i'n dweud wrth Mam a Dad!

Alison Sdim dyn wedi croesi trothwy'r drws 'na eriôd.

Jên O, ie!

Alison Lot wedi dod trwy'r ffenest, ond sneb wedi dod trwy'r drws.

Jên Ali, ti'n offwl! Gwed bopeth wrtha i cwic, 'wy'n bosto.

Alison Wedes i bopeth nithwr — a sdim byd mwy i glywed.

Jên Wel, os yw hwnna'n adlewyrchiad o fywyd colegol bydde run man i fi fynd i leiandy. Borin.

Alison Wel 'na'r gwir y rhan fwyaf o'r amser.

Jên Ond beth am yr orjis a'r meddwi, a'r bynco darlithoedd a'r rhedeg yn wyllt a'r cyffurie?

Alison Dyw e ddim yn wir.

Jên Ma peth ohono fe'n bownd o fod yn wir.

Alison Dim byd fel wyt ti wedi'i glywed. I ddechre, grant sy 'da fi, nage ffortiwn. Os ti'n bynco, maen nhw'n cadw chec. Dyw pobl ddim yn taflu rhyw o gwmpas fel tase fe'n *free gift* 'da Persil a ti'n gorfod gwitho. 'Na pam ti 'ma.

Jên 'Wy'n aros yn yr ysgol — ma hi'n fwy cynhyrfus yn nosbarth pedwar!

Alison Paid â nghamddeall i, 'wy'n lico 'ma — ond jyst bywyd yw e. Ti'n neud y gore o beth sy 'da ti.

Jên Ti'n flin dy fod ti wedi dod 'ma?

Alison Fflipin 'ec, nagw.

Jên Nage, mor agos i gartre.

Alison Nagw!

Jên Ond ma pawb yn rysgol yn ffili deall pam nad est ti'n bell i ffwrdd, i rywle gwahanol. Lot o bobl yn credu bod Caerdydd yn borin.

Alison Achos eu bod nhw'n borin, siwr o fod. Ma hi'n grêt 'ma. Rydw i yng Nghymru, yn ddigon agos i ddod gartre am ddiwrnod os 'wy'n moyn, a ma'r trene a'r bysus yn ddigon agos i fynd â fi i unrhyw ran o Gymru a Lloegr neu'r cyfandir os yw'r amser a'r arian yn caniatáu. Yn lle mod i'n mynd at y byd, 'wy'n gadel i'r byd ddod ata i. *(Cnoc ar y drws.)* Dewch mewn!

Jim *Hi! It's ... sorry didn't know you had company.*

Alison *'Sallright Jim, this is my sister. She stayed over.* Jên, Jim yw hwn, o'r Alban.

Jên Heia.

Jim *Hi. Nice to meet you.*

Alison *Coffee?*

Jim *No thanks — just had some. Going to the union meeting this afternoon?*

Alison *Depends.* Faint o'r gloch ti'n cwrdd â Gethin?

Jên Bythdi hanner awr wedi dou — Pillars, nage fe?

Alison Ie. *What time is it starting?*

Jim *Two-thirty.*

Alison *Sorry, going to lunch with Jên and Gethin, her boyfriend.*

Jên Dyw e ddim yn sboner i fi.

Alison *With Gethin her friend who happens to be a boy.*

Jim *O.K. Well I'll see you tonight then. O.K?*

Alison *Fine. See you. Bye.*

Jim *Bye.*

Jim yn mynd.

Jên Pwy oedd hwnna? Rodd e'n *stunning*! Llyged fel llynnoedd 'da fe. Ali, ti'n mynd mas 'da fe? Wy'n dwli ar wallt blond fel 'na. Glywest ti 'i acen e! Odd e'n swno fel Billy Connolly wedi callio. Ôs haggis 'da fe'n 'i boced? O God, wy'n mynd i ffeinto. Rodd e'n gorjys!

Saib.

Alison Ti cweit wedi gorffen?

Jên Gorjys! Welest ti shwd edrychodd e arna i? Wy'n gweud tho ti, dwy flynedd arall a sa dim gobeth 'da ti. Gweud tho ti, dyw Gethin ddim yn deall beth sy 'da fe fan 'yn.

Alison Paid â gweud tho mam.

Jên Ti yn, 'yn dwyt ti? Ti'n mynd mas 'da fe. Ti'n cysgu 'da fe? Ti yn, 'yn dwyt ti?

Alison Ydw. Nagw.

Jên Ti'n gweud y gwir?

Alison Y cyfan. Ni'n mynd mas ers pump wythnos. Dyn ni ddim yn cysgu da'n gilydd ...

Jên eto ...

Alison ... ddim yn cysgu 'da'n gilydd a dim bwriad gwneud hynny ar hyn o bryd, chwaith. *(Saib.)* Dyw e ddim yn jôc, ti'n gwbod.

Jên God, sa mynd mas 'da fe ddim yn jôc, sa fe'n freuddwyd.

Alison Na Jên, cysgu 'da rhywun, dyw e ddim yn jôc.

Jên O dw i ddim yn gwbod. Y tro diwetha nes i a Geth ...

Alison Jên!

Jên Jôc! Er mwyn dyn! Jôc. Argol, sa mam yn 'y mlingo i'n fyw!

Alison Bydden i'n ail yn y ciw.

Jên 'Wy ddim moyn, ta beth. Sa hwnna'n sbwylo pethe rhyngon ni.

Alison Chi wedi siarad amdano fe, 'te.

Jên 'Wy 'di siarad am y peth 'da Rhian. Ma fe siwr o fod 'di siarad am y peth 'da Jason, dyn ni ddim eto wedi llwyddo i siarad â'n gilydd am y peth.

Alison Fe ddylech chi.

Jên Sdim pwynt. Dyw e ddim yn creu hasls i ni ar hyn o bryd, felly bydde fe'n well gadel pethe i fod.

Alison Ti yn 'y nghredu i 'yn dwyt ti?

Jên Bythdi Joc?

Alison Jim. Ma fe'n casáu cael ei alw'n Joc.

Jên Odw. Odw wir. Ni riôd wedi gweud celwydd wrth yn gilydd, a dyw cilt ddim yn mynd i ddod rhyngon ni, ody fe?

Alison Falle rywbryd, ond dim ond os 'wy'n siwr mod i'n 'i garu fe a fe'n 'y ngharu i. 'Na'r unig bryd y gelli di gyfiawnhau rhoi popeth sy 'da ti. Ma goblygiadau, ti'n gweld.

Jên Y? Cym agen!

Alison Goblygiadau ... pethe erill ti'n gwbod, yn sgîl ...

Jên O, goblygiadau. Babis a phethe ...

Alison Mwy na 'ny. Dy deimlade di ar ôl 'ny. Ma cael affêr yn rhywbeth mwy na rhoi dy gorff. Ti'n rhoi dy emosiwn, ti'n rhoi rhan o dy hunan, a dyw hwnna byth yn dod yn ôl. 'Na pam ma'n rhaid i ti fod yn siwr cyn 'ny. Pido rhuthro mewn i'r peth.

Jên   Paid becso, y sbîd ma Gethin yn gweithio, byddwn ni'n dau yn tynnu'n pensiwn cyn iddo fe sylweddoli dim!

Alison yn cofleidio Jên.

Alison   Ti'n lyfli.

Jên   'Na pam — 'wy'n whâr i ti!

Yn y car: bron â chyrraedd Borth.

Tad   Gwrandewch, chi'ch dau, pan ŷn ni'n cyrraedd, dwi ddim eisie ymladd, dadle, ateb nôl, gofyn cwestiyne ...

Gethin   Sa'n well i chi gael dau gi 'te, nage plant.

Mam   Jyst beth on i'n gweud. Dim siarad fel'na.

Gethin   Os taw dyma beth neiff arian i chi, run man i chi bido â'i gal e, achos fydda i ddim eisie byw 'da chi.

Mam   Áddawa hynny ar ôl i ni fynd sha thre, ac fe allen ni setlo rhywbeth.

Tad   Reit, ryn ni 'ma. Cofia Gethin, un drôd mas o le, un gair yn y lle anghywir, a weli di ddim fory.

Gethin   *(Yn edrych ar ei wats.)* Pan ffindith Jên mas nagw i'n mynd i gyrraedd, gallech chi fod yn neud ffafr â fi.

Jên ac Alison yng Nghaerdydd; Heol y Frenhines tu fas i Marks and Sparks.

Jên   Dyw e ddim yn hwyr fel arfer. *(Saib.)* Ma fe'n whare abythdi, ti'n gwbod, neidio mas pan nagw i'n 'i ddisgwyl e, ond ma fe wastod yn brydlon.

Alison   Ma fe'n olreit, fe ddaw e nawr. Gwranda, tra bod ti'n aros, wy'n mynd i ddiflannu. Wela i chi'ch dau am hanner awr wedi dau tu fas i Pillars — a fi sy'n talu. O cê?

Jên   Siwr. Ma hi'n ddeuddeg o'r gloch nawr, so, mhen dwy awr a hanner.

Alison   Ti'n moyn i fi aros 'da ti rhag ofn na ddaw e?

Jên   Jiw, jiw na. Cer di. Bydd e 'ma nawr. Ta beth, smo fi'n moyn tystion o gwmpas pan ladda i e am fod yn hwyr!

Alison   Os wyt ti'n siwr, 'te; wela i di 'mhen dwy awr.

Jên   Reit. Hwyl!

Alison   Ta ra.

Jên ar ei phen ei hun.

Jên   Geth, 'wy'n gobeithio bod rheswm da gyda ti, achos os nagwyt ti'n mynd i ddod ...

Yn nhŷ yr Anti.

Anti   Ac i ba ysgol wyt ti'n mynd, Geraint?

Gethin   Gethin. Rhydfelen.

Anti   Enw rhyfadd ar rysgol acw, Jean, Gethinrhydfelen. Chlywais i rioed ffasiwn enw.

Gethin   Na, Anti. Rhydfelen yw enw'r ysgol, Gethin yw'n enw i.

Anti   Taw, da chdi, Geraint. Sdim angen bloeddio fel'na, cofia, tydw i ddim yn fyddar.

Gethin yn rhythu'n wyllt ar ei dad.

Caerdydd, 2.30 o'r gloch.

Alison   Helo.

Dim ateb oddi wrth Jên.

Alison   Ddath e ddim 'te? *(Jên yn crio.)* Ewn ni i gal cino.

Jên   Dim diolch. Allwn ni fynd i'r fflat?

Alison   Gallwn wrth gwrs. *(Cydio ynddi.)* Ma rheswm gyda fe, siwr o fod.

Jên   'Wy'n gobitho gath e angladd neis, achos 'na'r unig reswm 'wy'n mynd i wrando arno fe.

Tŷ'r Anti: yn y broses o ffarwelio.

Anti   Cofiwch ddwad yma'n fuan eto.

Gethin   Mewn can mlynedd.

Anti   Beth ddudist ti rwan?

Gethin   Cyn bo hir, Anti.

Mam	Diolch am y croeso. Ryn ni wedi mwynhau'n fawr.
Tad	Diolch o galon. Ardderchog.
Gethin	Mae o wedi bod yn brofiad.
Anti	Peidiwch â sôn. Toedd hi'n blesar dod i nabod yr hogia 'ma, yn enwedig y Geraint 'ma, yn union fel ei ewythr. Piti na fasat ti wedi'i nabod o, Geraint.
Gethin	Ie, piti.
Mam	Da boch chi nawr, Anti. Da boch.
Anti	Bei bei, haf ê gwd jyrni, 'te.

Yn y car.

Mam	Mae'n annwyl 'yn dyw hi? Cadw'n wych. Mae'n siwr o fod yn bedwar ugen. *(Distawrwydd yn y car.)* Dodd hi ddim yn cymryd tamed o sylw mai Gethin ot ti odd hi?
Gethin	Sylwes i. Hynny yw, 'wy wedi colli nghariad am y fraint o gael yn adnabod gan ryw hen *dutch senile* fel Geraint. For God's sake, mam, wna i byth faddau i chi am heddi. Dodd dim hawl 'da chi neud hyn i fi.
Tad	O, er mwyn dyn, paid â bod mor fflêming dramatig. Ti wedi rhoi'r gore i un dydd Sadwrn mas o fil, neith e ddim drwg.
Gethin	Fydden i ddim yn disgwyl i blisman ddeall teimladau neb.

Y car yn brêcio'n sydyn.

Tad	Nawr deall di, Gethin, 'wy'n fodlon cymryd lot 'da ti. Ni'n cymryd lot fel teulu. Ryn ni'n trio deall 'yn gilydd ond os 'wedi di rywbeth fel 'na eto, te grasa I di nes byddi di'n dost a nes 'y mod i mewn jêl am dy graso di. **Ti'n deall?**
Gethin	*(Yr un mor herfreiddiol, ond wedi cael sioc.)* **Odw.**
Tad	Nawr gyda dy ganiatâd, ewn ni sha thre.

Tŷ Jên.

Mam	Jên, ffôn i ti.
Jên	*(O'r llofft.)* Pwy sy 'na?
Mam	Gethin.
Jên	Reit, Gethin, pig features. Helo?
Gethin	Helo, 'wy jyst wedi dod yn ôl.
Jên	Dwi ddim eisie gwbod.
Gethin	Plîs Jên, gwranda.
Jên	Na, Gethin, gwranda di. Bues i'n sefyll fel lemwn heddi am ddwy awr yng Nghaerdydd i'n ffrind gore sy'n digwydd bod yn fachgen i gadw'i addewid i fi i fynd mas. Odd yn whâr i wedi newid trefniade i'n siwto ni. Pwy oedd yn edrych fel preis wali? Fi, nage ti. Fi. Sdim ots 'da fi ble ti wedi bod. Gelli di fynd 'na 'to os ti'n lico, jyst paid â boddran ffono fi. Dw i ddim eisie dy weld ti. Paid â siarad â fi dydd Llun os bydda i yn yr ysgol hyd yn ôd. 'Wy moyn pob llythyr yn ôl, pob record, ac anghofia am fenthyg unrhyw lyfr eto. Unrhyw gwestiyne?
Gethin	Paid â siarad â fi fel tasen i'n blentyn.
Jên	Wel, paid ag acto fel un, a phaid â nhrin i fel taen i'n shimpil.
Gethin	O bygyr off.
Jên	'Y mhleser i.

Y ddau ffôn yn cael eu rhoi i lawr.

Tŷ Gethin.

Mam	Jên yn iawn?
Gethin	Mam, *get lost.*

John Owen

Codi'r Darnau

Ar y bws ar y ffordd i'r ysgol.

Jason 'Wy'n hollol *anti* popeth y dyddie 'ma! Wyt ti Geth?

Gethin Twll.

Jason Ydw, 'wy'n *anti*-twll hefyd.

Gethin Jason!

Jason Na, dw i ddim yn *anti*-Jason, ond 'wy'n *anti*-antis.

Gethin Drycha twrden, ma fe'n digwydd bod yn wir. Pe bawn i ishie dweud celwydd, siwr Dduw gallen i ffindo gwell stori na honna.

Jason 'Na'r holl bwynt, pam na ffindest ti well stori, achos a gweud y gwir ma d'un di mor hollol anghredadwy.

Gethin Mor anghredadwy â chredu dy fod ti'n arfer bod yn ffrind i fi?

Jason O, sdim isie bod felna, ôs e?

Gethin 'Wy'n *anti* pobl nagyn nhw'n 'y nghredu i, a 'wy'n arbennig o *anti* fy ffrindie sy'n lico neud sbort am 'y mhen i yn hytrach na nghael i mas o'r twll 'wy ynddo fe ar hyn o bryd.

Saib.

Jason Sori. Cia i mhen — 'wy'n rong.

Gethin Wyt.

Jason Ydw.

Saib.

Gethin Rheges i ar Jên ar y ffôn.

Jason Lemming —

Gethin Y?

Jason 'Na beth wyt ti, fel anifail — lemming. Ti'n lico cyflawni hunanladdiad mewn perthynas â dy gariad. Geth, 'na'r peth diwetha dylet ti 'i neud 'da hi. Ti'n gwbod fel mae hi.

Gethin On i mewn tymer on'd on i?

Jason Mae hi 'di bod 'da Rhian trwy'r penwythnos.

Gethin Shwd ti'n gwbod?

Jason *(Yn dynwared llais Rhian.)* Jason, Rhian sy 'ma. Paid â dod draw fel drefnon ni, ma Jên 'ma. Mae'n ypset, a bydde'n well i fi siarad 'da hi.

Gethin A derbyniest ti 'na.

Jason Odd dewis 'da fi o nabod Rhian?

Gethin Nagodd. So beth wedyn?

Jason Be ti'n feddwl?

Gethin Unrhyw gysylltiad wedyn?

Jason Mwy o obeth cysylltu 'da'r Maffia na'r ddwy 'na pan maen nhw 'da'i gilydd. Dim cewc wrthyn nhw. Ddim hyd yn oed sicrwydd y gwelen i hi yn yr ysgol 'eddi.

Gethin O shit, shit, shit!

Llais o'r sedd gefn '... said the king and a thousand arses stretched.' Be sy Geth, bêbi, constipated?

Gethin Fel dy feddwl di.

Llais o'r sedd gefn O bitsh!

Lleisiau Jêni, Jêni, Jêni, Jêni.
Ma pawb yn hoff o Jêni!

Gethin *(Yn hollol embaras.)* Ody pawb yn gwbod?

Jason Pass.

Gethin Onest to God Jason, gallen i ladd yn anti.

Tŷ Rhian.

Maen nhw newydd gerdded yn ôl i'r tŷ ar ôl gadael i'r bws fynd ar bwrpas. Mae rhieni Rhian yn y gwaith.

Jên Ddon nhw ddim yn ôl, na ddon?

Rhian Na ddon.

Jên Dw i erioed wedi gneud rhywbeth fel hyn o'r blan.

Rhian Hen bryd i ti 'te.

Jên Ond mitsho — dyw e ddim yn rhan o'n natur i.

Rhian Dyw e ddim yn rhan o'n natur i fel arfer ond ma heddi'n gwbl arbennig on'd yw e?

Jên Siwr o fod.

Rhian 'Na beth 'wy'n lico amdanat ti Jên, ti mor gadarn, mor bendant.

Jên Plîs Rhi, dim pregeth, dim nawr.

Rhian Na, o cê. *(Saib.)* Ti'n moyn coffi arall?

Jên Run man, sbo. Ble ewn ni, rŵm ffrynt neu d'ystafell di?

Rhian Y twlc. Tase'r Ysbryd Glân yn cerdded mewn i'r rŵm ffrynt 'na bydde mam yn sylwi. Cer lan. Dilyna i ti nawr.

Yn y dosbarth yn yr ysgol.

Gethin Fe gwrdda i â hi amser egwyl fel arfer.

Jason Byw mewn gobeth nagwyt ti?

Gethin Wel mae hi'n bownd o wrando ar reswm ... Jas, 'wy ddim isie mynd yn sentimental na dim, ond 'wy lico'r blydi ferch.

Athro Gethin, regest ti nawr?

Gethin Naddo ... do syr. Mae'n ddrwg 'da fi.

Athro Dw i ddim yn credu bod unrhyw achos yn ddigon o reswm i dy hala di i regi.

Gethin Nagyw.

Athro Dere â thraethawd i fi fory, 'Pam na ddylwn i regi.' Pum cant o eiriau. Peth cynta, cofia.

Gethin *(Yn eitha gwawdlyd.)* Diolch syr.

Mae'r athro'n mynd.

Gethin Dyw heddi ddim yn digwydd. Jôc yw hwn. Ma Duw yn trïo gweud rhywbeth wrtha i. Dam, dam, cachu dam.

Jason Ti'n ypset.

Gethin Na, 'wy'n ecstatig! On i'n moyn sgrifennu traethawd. On i'n moyn cwmpo mas 'da'n wejen i, on i'n moyn gweld corff yn fyw yn y Borth. Dere.

Jason Ble ti'n mynd?

Gethin Stafell gofrestru Jên.

Jason Ond dangosith hwnna dy fod ti'n rhedeg ar ei hôl hi.

Gethin 'Wy yn.

Jason O!

Gethin Nelet ti ddim o hwnna i Rhian 'te?

Jason Amheus 'da fi.

Gethin Ti ddim yn 'i charu hi 'te.

Jason 'Wy'n caru'n hunan-barch yn fwy.

Gethin Sda hwn ddim byd i neud â hunan-barch, Jas. 'Wy'n ddiflas hebddi, 'wy'n ddiflas heb wybod ble 'wy'n sefyll. Os caf i

nghardie, wel tyff, ond 'wy'n gorfod ffindio mas naill fordd neu'r llall.

Tŷ Rhian.

Jên Ti'n lico'r *'Power of Love'*?

Rhian 'Wy'n lico'r gân, geirie tam' bach yn naff — a ma hi, Rush yn pathetic, 'wy wedi gweld mwy o dress sense mewn Sindy Doll.

Jên On i'n llefen pan glywes i'r gân.

Rhian Dy stad emosiynol di'r penwythnos 'ma. Criet ti tase ôn yn brefu am ei fam.

Jên 'Wy'n gneud 'ny hefyd fel arfer.

Y ddwy'n chwerthin.

Jên 'Wy'n ddiolchgar i ti am fitsho. Sen i wedi ffili'i wynebu fe, ti'n gwbod.

Rhian Sdim isie diolch, 'wy'n enjoio. Neud mwy o waith fel hyn withe.

Jên Ie, ond tasen ni'n cal 'yn dal ...

Rhian Annhebyg. *(Saib.)* Jên, alla i weud rhywbeth?

Jên Ti'n mynd i weud beth bynnag yw'n ateb i.

Rhian Ydw. Drycha, 'wy'n credu bod rhaid i ti ddod i benderfyniad un ffordd neu'r llall ynglŷn â Gethin.

Jên 'Wy'n trïo.

Rhian 'Wy'n gwbod 'ny, ond wy'n meddwl yng nghyd-destun pwy sy'n rheoli'r berthynas.

Jên So i'n deall.

Rhian Wel ma fe'r un peth â wedes i ddoe am Mam a Dad. Hi yw'r bos mewn gwirionedd. Mae'n gadel i dad gredu taw fe sy'n rhedeg pethe.

Jên Shwd gelli di weud 'na?

Rhian 'Wy 'di byw 'da'r peth ers pymtheng mlynedd. Ma fe felna ym mhob teulu, ti'n gweld. Ma rhaid bod rhywun yn arwain. Mam sy'n arwain 'ma.

Jên Sdim gwahaniaeth gyda dy dad?

Rhian Dyw Dad ddim yn gwbod. 'Na'r gamp, ti'n gweld, a 'na beth wyt ti'n gorfod neud 'da Gethin.

Jên Alla i ddim.

Rhian Wrth gwrs gelli di. Drycha, pwy sy'n rheoli 'da fi a Jason?

Jên Ti?

Rhian Reit, fi. Y gwahaniaeth penna rhyngon ni'n dou a Mam a Dad yw bod Jason yn gwbod pwy yw'r bos. Fi.

Jên Sdim gwahaniaeth 'da fe?

Rhian Sdim dewis 'da fe. Ma fe'n lico fi mwy na fi'n lico fe. Os nagyw e'n lico'r sefyllfa — tyff. Gall e fynd i ffindo rhywun arall.

Jên Ond 'wy'n lico Gethin — 'wy'n lico fe lot.

Rhian Plîs, dim protestiade ynglŷn â chariad a phethe sentimental. Dwi ddim yn credu gallen i odde 'ny am hanner awr 'di naw y bore.

Jên Na, dw i ddim yn gweud mod i'n 'i garu e — ond wy'n gwbod y mod i lico fe lot ofnadwy.

Rhian Ti'n neud iddo fe swno fel lolipop, — lico lico!

Jên 'Na'r teip o berthynas sy 'da ni. Llyad bach nawr ac yn y man i gadw'r blas, ond dim gormod neu ma fe'n rhewi dy geg.

Rhian Ma cocáin yn cal yr un effaith.

Jên Ti'n cal 'na i dynnu dant …

Rhian … pan fo pôn arnat ti. So ti'n gweld, 'na beth yw Geth i ti ar hyn o bryd, pôn mawr.

Jên Ddim trwy'r amser.

Rhian Lot o'r amser.

Jên Peth o'r amser.

Rhian Ewn ni ddim i ddadle.

Jên Ti ddim yn dangos unrhyw deimlad tuag at Jason 'te?

Rhian Wastraffen i ddim teimlad ar unrhyw fachgen, Jên. 'Wy 'di gweud 'na wrthot ti drosoddd a thro. Nage un fel 'na odw i.

Jên Licen i tasen i fel ti.

Rhian Diolch am y compliment.

Jên Bydde bywyd lot symlach.

Rhian Lot. *(Saib.)* Ti'n ffansïo tost?

Jên Welith dy fam ddim bod bara wedi mynd?

Rhian Tiriogeth Dad yw'r gegin. Fydde fe ddim yn sylwi tase'r ffrij wedi mynd.

Jên O cê. Tost.

Yn yr ysgol.

Cerdded ar draws yr iard i'r gampfa.

Gethin Dyw hi ddim yn 'rysgol.

Jason Na Rhian.

Gethin Hwnna'n od. Odd Rhian yn dost ddoe?

Jason Tro diwetha odd Rhian yn dost odd hi'n yr ysgol feithrin.

Gethin Ble maen nhw, 'te?

Jason Cartre Rhian neu cartre Jên.

Gethin Mitsho?

Jason Amlwg. *(Saib.)* Os weda i rywbeth wrthot ti, addawa na 'wedi di ddim wrth Rhian.

Gethin Addo.

Jason Mae'n mitsho withe. Mynd mas i'r bys a mynd yn ôl pan fydd ei rhieni hi wedi mynd i'r gwaith — mas wedyn cyn iddyn nhw ddod gartre a mynd mewn fel arfer.

Gethin Nodyn absenoldeb.

Jason Sgrifennu llaw chwith.

Gethin Dyddiadur.

Jason Sgrifennu llaw chwith.

Gethin Ti'n meddwl 'u bod nhw wedi aros gartre heddi?

Jason Amlwg. Os odd Jên 'di mynd at Rhian nithwr neu nos Sadwrn, ath hi â'i gwisg ysgol gyda hi.

Gethin So, dyw mam Jên ddim yn gwybod 'te?

Gareth Oi, Geth, oes siorts sbâr 'da ti?

Gethin Nagos, sori.

Gareth I 'ope I got pants on today.

Gethin Ti 'di anghofio eto, wyt ti?

Gareth Mewn rush bore 'ma, a dyngith e mod i 'di neud e ar bwrpas. *(Tynnu'i drowsus.)* Ie, 'wy'n olreit 'eddi, glân neis nithwr, a dim scid marcs.

Gethin Dim manylion am dy fywyd personol, plîs Gareth. *(Hanner saib.)* Gareth.

Gareth Y?

Gethin Cymer rhain.

Gareth Beth amdanat ti?

Gethin Asthma attack.

Gareth Ti ddim yn diodde o asthma.

Gethin 'Wy yn nawr.

Jason Ble ti'n mynd?

Gethin Paid â gofyn, wedyn fyddi di ddim yn gallu clecan.

Jason Diolch byth.

20

Gethin	Ma fe'n hwyr 'to. Ma Jones Maths yn absennol. Galla i gyrraedd tŷ Rhian a'n ôl cyn dechre'r prynhawn os af i nawr, a dyw gym ddim yn allweddol i nyfodol i.
Jason	Cei di dy ddal.
Gethin	Risc 'wy'n gorfod cymryd.
Jason	'Wy'n dod 'da ti.
Gethin	On i isie benthyg dy arian cino di i ddala'r bys.
Jason	O! O cê.
Gethin	Diolch Jas. 'Wy'n gwbod mod i'n wyllt yn neud hwn, ond 'wy'n 'i lico hi.
Jason	Galwa am focs o Filc Trê ar y ffordd achos os cei di dy ddal ...
Gethin	Paid becso amdana i. Cuddia mag i, wnei di?
Jason	O cê.
Gethin	Tala i'n ôl i ti, wir.

Cartref Rhian tua 10.45 am.

Jên	Tase'n fam i'n ffindo mas 'y mod i wedi mitsho, elai hi'n benwan, ti'n gwbod 'ny on'd wyt ti?
Rhian	Risc ontefe — na'r risc ti'n 'i gymryd bob tro ti'n neud rhywbeth sy allan o'r cyffredin. Ta beth, ma fe'n ffordd o ddod â thamed o flas i mewn i dy fywyd difwstwr, di-stŵr, diddim.
Jên	Ti'n lico geirie on'd wyt ti?
Rhian	Shwd ti'n meddwl?
Jên	Wel, ti fel pe baet ti'n chwarae gyda geirie, yn hapus, na ... yn ymfalchïo yn eu defnyddio nhw.
Rhian	Dwyt ti ddim 'te?
Jên	Odw, 'wy jyst ddim cystal â ti, 'na gyd.
Rhian	Darllena fwy o lyfre, 'te.
Jên	Ie sbo, ond 'wy'n ffindo darllen yn anodd. Ti'n llyncu llyfre.
Rhian	Goblo 'wy'n credu bydde'n well disgrifiad. Pedwar yr wythnos ar gyfartaledd.
Jên	Sa i'n deall shwd ti'n neud, 'na, ti'n gweld. Ble ti'n cal yr amser?
Rhian	Tŷ bach, bath, dim lot o deledu — ar y bys withe, cyn cino dydd Sul. Ti'n ffindo'r amser. *(Saib.)* 'Wy'n moyn cyrraedd rhywle, Jên. Dwi ddim isie aros rownd man 'yn weddill 'y mywyd.
Jên	'Wy itha lico fe.
Rhian	Fe ddo i'n ôl 'ma, sdim amheueth am 'ny. Ond 'wy'n moyn gweld pethe a mynd i lefydd gynta tra bo amser ar 'yn ochor i. Un o'r ffyrdd gore, 'wy'n credu, yw trwy fynd i'r coleg ne'r brifysgol. Dim ond un ffordd sy i gyrraedd — gwaith, gwaith a mwy ohono fe.

Sŵn cloch y drws ffrynt yn canu.

Rhian	Nage, mam na dad sy' na. Ma allwedd 'da nhw.
Jên	*(Panig.)* Cer i ateb!
Rhian	Byth! Rheol rhif un. Os ôs amheuaeth, gwneud dim. Eith e i ffwrdd nawr.
Jên	Pwy yw e?
Rhian	Sdim clem 'da fi. Dyn y gas, trydan. Os gwelith mam a dad y bil yn iawn yn lle amcangyfrif, byddan nhw'n gwybod bod rhywun 'di bod gartre.

Cloch yn canu eto.

Jên	Rhian, gwna rywbeth!
Rhian	Paid â panico er mwyn dyn. Ti'n bihafio'n gwmws fel merch.
Jên	'Wy **yn** ferch.
Rhian	Wel, sdim rhaid i ti fihafio fel un, ôs e. God, women!
Llais Gethin	'Wy'n gwbod 'ych bod chi 'na rywle!
Rhian	Glywest ti rywbeth nawr?
Jên	Do.
Rhian	Glywest ti beth 'wy'n credu glywes i?
Jên	Do.
Llais Gethin	Chi 'na! Ma Jason wedi dweud wrtha i.

Rhian	Jiwdas Jason.
Jên	'Wy ddim yn moyn 'i weld e. Plîs, alla i ddim â'i wynebu fe.
Rhian	Ma'r ffenest fanna, shîts yn y drôr, sdim ysgol bren 'da ni. Sdim dewis 'da ti tro 'ma.
Llais Gethin	Ac mae chwarae'n troi'n chwerw, Mae'r gwin yn troi'n sur ...
Rhian	Bydd y cops rownd 'ma nawr.

Yn rhuthro allan.

Jên	Paid â'i adel e mewn ...
Rhian	*(Lawr y grisiau.)* Gethin, shytyp.

Yn agor y drws.

Gethin	Hylo.
Rhian	Shytyp a dere mewn.
Gethin	Yn y drefn 'na?
Rhian	*(Yn cydio ynddo fe.)* Mewn!
Gethin	Methu gwrthod gwahoddiad fel 'na. Ydy Jên 'ma?
Rhian	Pam nagwyt ti yn 'rysgol?
Gethin	'Wy'n mitsho fel chi'ch dwy. Ble ma hi?
Rhian	Wnei di beidio ag ymddwyn fel Milc Trê adfyrt? Ôs rhywun yn gwbod dy fod ti 'ma?
Gethin	Prifathro ...
Rhian	Shytyp.
Gethin	'Wy isie'i gweld hi, Rhi.

Saib.

Rhian	Dyw hi ddim isie dy weld ti.
Gethin	Mater iddi hi benderfynu yw hwnna.
Rhian	Drycha Gethin, heb fod yn anghwrtais — get lost! Dyw hi ddim isie siarad â ti na dy weld ti, na dy gyffwrdd di na dy wynto di eto. Mewn geiriau eraill ...
Jên	Geth.
Rhian	Amseru gwych, Jên, I mean, ti'n gwbod, chelet ti ddim gwell amseru hyd yn oed gan 'Torri Gwynt'.
Gethin	Ot ti'n dweud?

Rhian yn diflannu.

Tŷ Rhian: Yn y gegin bum munud yn ddiweddarach.

Gethin	Don i ddim yn sylweddoli galle pum munud ymddangos mor hir.
Jên	Ma dwy awr tu fas i Marks an' Sparks ar dy ben dy hunan yn wâth.
Gethin	Ody, 'wy'n gwbod.
Jên	Shwd gallet ti wybod. Dot ti ddim 'na.
Gethin	On i'n moyn bod 'na. *(Distawrwydd.)* Jên, ar fywyd Mam a Dad, on i'n moyn bod 'na. *(Dim ateb o hyd.)* Ces i ngorfodi i weld Draciwla benywaidd yn y Borth. Addawais i fynd fishoedd yn ôl, wedodd mam. Dodd dim ffôn 'da'n anti. Ond on i'n moyn bod 'da ti mwy na dim. Plîs Jên, 'wy yn trïo.
Jên	Odd hwnna'n amlwg ar y ffôn.
Gethin	On i mewn tymer. *(Hanner saib.)* Wedes i wrth Dad nagon i'n disgwyl i blisman ddeall teimladau neb.
Jên	Dim mwy nagw i'n disgwyl i fab plisman ddeall teimladau 'i gariad, 'te.
Gethin	Ma hynny'n annheg a ti'n gwbod 'ny.
Jên	Dylet ti fod wedi dewis rhwng dy rieni a fi.
Gethin	Nage ti sy'n siarad nawr. Syniade ffeministaidd Rhian sy'n siarad nawr. Bydd yn realistig. Ot ti moyn i fi redeg off o'r tŷ heb arian, hitsho i Gaerdydd a byw gweddill 'y mywyd fel tramp. 'Na beth ti'n moyn ife, achos ti'n nabod 'y mam a nhad i. Ma nhw'n iawn hyd at bwynt, a wedyn 'na ni. Fe gyrhaeddes i'r pwynt 'na dydd Sadwrn. Wir yr, doedd dim dewis 'da fi.
Jên	Ma dy fam yn rhesymol fel arfer — pam odd hi'n wahanol dydd Sadwrn?
Gethin	Pass. *(Saib.)* Ti yn 'y nghredu i on'd wyt ti? *(Saib.)* Jên?
Jên	Ydw.
Gethin	*(Ati.)* O diol ...
Jên	Dyw hynny ddim yn golygu mod i wedi madde i ti.
Gethin	Ond ... os wyt ti'n deall ti'n bownd o fadde.
Jên	O shytyp, ti'n neud i fi swno fel rhyw ddoli fach. Madde! Madde!

Y ddau'n cofleidio a chusanu.

Gethin	O Jên, 'wy'n lico ti lot fawr, fawr.
Jên	Ti ofn dweud y gair 'na on'd wyt ti?
Gethin	Beth?
Jên	Caru.
Gethin	Ma lico ti lot fawr yn neis.
Jên	Ody fe'n ddigon?
Gethin	Digon i fi os yw e'n ddigon i ti.
Jên	Neith e'r tro, sbo.
Rhian	Ody e'n ddiogel i rywun ddiffodd y tegell? O jiw jiw, nage stêm y tegell sy 'di cymylu'r ffenestri. Isie i chi'ch dou grynhoi 'ych nwydau am wythnos. Digon o egni wedyn i redeg tyrbein.

Ffôn yn canu.

Jên	Dy fam sy 'na'n checo os wyt ti gartre.

Rhian	Sdim cymint o ddychymyg â 'na 'da Mam.
Gethin	Wel ma rhywun 'na.
Rhian	Ôs rhyfedd bod y bachgen yn gwneud deg TGAU?
Jên	Gwna rywbeth, Rhian.
Rhian	*(Yn canu.)* 'The Power Of Love'.

Mae Gethin a Jên yn eu dyblau'n chwerthin.

Daw Rhian at y ffôn.

Rhian	Good Morning, Pontypridd Pregnancy Clinic, can I help you? *(Wrth y ddau.)* Ma pips. Good Morning, Pontypridd Pregnancy Clinic, can I help you?
Llais Jason	Rhian?
Rhian	*(Mae'n rhoi ei llaw dros y ffôn.)* Jason yw e. Good Morning, sir, Pregnancy Centre, can I help you?
Llais Jason	Who's that?
Rhian	Can I help you sir? Are you pregnant or in similar difficulties?
Llais Jason	Who are you?
Rhian	If you're pregnant, sir, we can help.
Llais Jason	Course I'm not bloody pregnant! Rhian, ife ti sy 'na?
Rhian	Is Rhian your wife's name, sir?
Llais Jason	No, it's my middle name. Rhian, ti sy 'na, ontife?
Rhian	Nage, Dr Death. Be ti'n moyn?
Llais Jason	Ydi Gethin 'na?
Rhian	Ydi, Pam?
Llais Jason	'Wy 'di dianc o'r ysgol.
Rhian	Hynod ddewr!
Llais Jason	Gwed wrtho fe i ddo'n ôl erbyn prynhawn 'ma, a chi hefyd.
Rhian	Pam?
Llais Jason	Clywes i Wili Welsh yn gweud wrth Davies bod ymarfer tân yn mynd i fod yng ngwers wyth prynhawn 'ma. Byddan nhw'n checo'r cofrestri.
Rhian	Diolch am eich neges. Prynhawn da.
Llais Jason	Bore da. *(Pips.)* O thanks Rhi ...
Rhian	Gethin hync, buasai'n well i ti ymlwybro yn d' ôl i barthau t'wyllaf yr ysgol, oblegid tua'r hanner awr wedi tri heddiw, fe geny'r gloch dân, ac mewn ateb i'w barus alwad, sa'n well i ti fod 'na.
Jên	Neu mewn geiriau syml?
Rhian	Ma ymarfer tân ddiwedd prynhawn a well i ti fod 'na cyn iddyn nhw checo'r cofrestri.

Gethin	O cê. Well i fi fynd nawr te. Dala i wersi'r prynhawn. Chi'n dod?
Rhian	Gethin, holidê yw holidê. Ryn ni'n ymlacio, ymestyn ac yn ymdrybaeddu yn ein rhyddid dilyffethair.
Gethin	A 'wy'n mynd. *(Wrth Jên.)* Ffona i di heno.
Jên	O cê.
Gethin	Sori. Wir.
Jên	'Wy'n gwbod. *(Cusan embaras o flaen Rhian.)*
Rhian	Pidwch â themlo'n embaras o'n rhan i. 'Wy wedi gweld 'Lemon Popsicle'. 'Wy'n gwbod beth sy'n digwydd i bobl mewn cariad! Shifft, Gethin, bws mewn dwy funud.
Gethin	O cê. Hwyl. Diolch Rhi.
Rhian	Odd e'n bleser!

Gethin wedi mynd.

Jên	Ti'n meddwl 'y mod i'n anghywir, on'd wyt ti?
Rhian	Peth meddal yw meddwl Jên. Sa'n well 'da fi fod yn llawer mwy pendant. Ti'n hollol boncyrs. Ond 'na fe, dy fusnes di yw e. Dim ond ffrind odw i sy'n codi'r darne sy ar ôl.
Jên	*(Yn rhoi cwtsh iddi.)* Ond y pigwr darne yper gore fuodd eriôd.
Rhian	'Wy'n gwbod.
Jên	Gwna i'r un peth i ti rywbryd.
Rhian	That'll be the day! Byth, Jên. Byth. Ma gormod 'da fi neud i wastraffu amser yn cwmpo'n ddarne achos bachgen.
Jên	Falle.
Rhian	Dim falle. Sicr.

John Owen

GWRTHDARO YN Y TEULU

SIARAD DWBWL
(yw dechrau trwbwl!)

credwch neu beidio
mi rwyf i nawr yn rhiant
yn cofio'r siarad dwbwl
ac yn ei roi i'm plant

'ga i fynd i'r sinema gyda ...?'
'gawn ni weld',
(ffordd dda o ddweud na)
'ga i liwio 'ngwallt yn biws?'
'Gofyn i dy dad,'
'ga i jîns newydd?'
'aros nes y daw dy ben-blwydd',
(neu dyw arian ddim yn tyfu ar goed)
'ga i ffrind draw?'
'dyw hi ddim yn gyfleus ...'
(pam nad ei di i'w thŷ hi
am unwaith?)

mae ambell beth yn newid
gyda'r amserau,
cariadon a rhyw
yn fwy agored;
ond sgyrsiau am glwy gwenerol
ac Aids yn anghenraid —;
addysg am rêp a cham-drin
yn ffordd o fyw;
ac ni fyddant wedi gorfod
ymbalfalu drwy blentyndod —
gan feddwl am fabis ar barasiwts
neu dan fresych yn yr ardd.

ond mae'r diarhebion yn dal
'mae'n amser gwely'
(hynny yw, rydym ni eisiau llonydd;)
— 'mae dy dad a finne eisiau trafod
a'r trafod yn troi yn ffrae;
'mae gwers piano gen ti fory' —
(felly cer i ymarfer wnei di).

fel yna mae sgyrsiau
yn digwydd ar bob aelwyd
greda i —
bywyd weithiau'n wobr
weithiau'n benyd —
gyda rhywun yn anghofio
pwy yw hi
y plentyn ynteu
un o'i rieni?

Menna Elfyn

TEULU

Golygfa:— Cegin mewn cartref cyffredin. Mae'r fam wrthi'n rhoi trefn ar bentwr o ddillad i'w smwddio pan ddaw Elin, y ferch (tua 14 oed) i mewn ar ruthr a chlepian y drws ar ei hôl.

Elin	*(Mewn tymer.)* Fedra i ddim diodda'r lle 'ma ddim chwanag.
Mam	*(Yn ddigyffro, wedi hen arfer â helyntion o'r fath.)* Pwy sydd dani y tro 'ma?
Elin	Y Tomi 'na. Lle mae o?
Mam	Wedi mynd i fwydo'r cwnigod i drws nesa. Be mae'r creadur bach wedi'i neud eto?
Elin	Mae o wedi bod yn fy llofft i ac wedi gneud andros o lanast.
Mam	Mi fydd raid iti gael clo ar y drws.
Elin	Mi dach chi wedi deud hynny ers misoedd. Ond dal i fynd yno mae o. *(Yn gas.)* Pam na drychwch chi ar 'i ôl o?
Mam	Am na ches i mo'r ddawn i fod mewn dau le ar unwaith. Fedra i ddim bod ar 'i sodla fo drwy'r dydd. Ond hidia befo, mi fydd yn mynd i'r ysgol toc.
Elin	A tan hynny mi gaiff falu mhetha i fel y mynn o mae'n debyg.
Mam	Wel, fedra i ddim yn hawdd 'i roi o allan efo'r lludw. Be tasa ni'n rhoi rhybudd 'Bachgen ar werth' ar y giât. Wyt ti'n meddwl y bydda rhywun yn cynnig 'i brynu o?
Elin	Dydy hynna ddim yn ddigri.
Mam	Nac ydi — digalon iawn.
Elin	Roedd o'n iawn pan oedd o'n fychan bach. Mi fydda'n fy nilyn i bob man.
Mam	Roeddat ti'n cwyno digon.
Elin	Falla. Ond ron i'n licio'n iawn. Ydach chi'n cofio fel bydda fo'n galw 'mam' arna i ac yn rhedag ata i am gysur? Rhedag oddi wrtha i y bydd o rŵan.
Mam	Falla 'i fod o'n synhwyro nad oes gen ti ddim amynadd efo fo.
Elin	Mae o'n rhy fach i allu gneud dim.
Mam	Mi allat 'i ddysgu o — i ddarllan falla.
Elin	Fedra fo ddim ista'n ddigon hir.
Mam	Nofio ta?
Elin	Dydw i ddim yn mynd i lusgo hwnna efo fi i'r pwll nofio. Mi fyddai Jan yn gneud hwyl am fy mhen i.
Mam	Does ganddi hi ddim brawd bach i fynd efo hi.
Elin	Gobeithio 'i bod hi'n sylweddoli pa mor lwcus ydy hi.
Mam	Elin!
Elin	Mi dw i wedi laru arno fo'n chwalu drwy mhetha i o hyd. Dydy o ddim yn deg.
Mam	Mae 'na lawar o betha annheg mewn bywyd. Dydw i ddim yn meddwl 'i bod hi'n deg i **mi** orfod bod yn fan'ma yn smwddio'ch dillad chi ar bnawn mor braf.
Elin	Dyna'ch gwaith chi, yntê?
Mam	Wyt ti'n meddwl?
Elin	Chi sydd wedi dewis bod yn wraig tŷ. Fydda i ddim mor wirion reit siwr.
Mam	O. A be wyt ti am 'i neud, felly?
Elin	Wel, os prioda i, mi fydd gan fy ngŵr i ddigon o bres i allu fforddio morwyn — dwy falla.
Mam	Dyna on inna'n 'i ddeud pan on i dy oed di. Roedd gen i ddarlun clir yn fy meddwl o'r dyn y byddwn i'n 'i briodi, o'r tŷ y byddwn i'n byw ynddo fo ac o'r plant fyddwn i'n 'u cael.
Elin	Faint ohonyn nhw?
Mam	Dau. Un o bob un.
Elin	Fe ddaeth y freuddwyd honno'n wir o leia.
Mam	Go brin. Doedd y plant oedd gen i yn fy meddwl ddim byd tebyg i ti a Tomi.
Elin	O.
Mam	Nac oeddan. Roeddan nhw'n aros wrth y bwrdd nes y byddai pawb arall wedi darfod; yn sychu'u traed cyn dŵad i'r tŷ; plygu ac yn cadw'u dillad; yn gwybod pryd i dewi. Ac yn barchus iawn ohona i.
Elin	Wel, am betha bach annioddefol.
Mam	Ddim o gwbwl. Roeddan nhw'n gneud imi deimlo'n hapus iawn, teimlo mod i'n cyfri,

yn rhywun pwysig, ac nid rhyw damad o
forwyn i dendio arnyn nhw.

Elin   Rydw i am gael nani i mhlant i. Ac mi fydd
yn dŵad efo ni pan fyddwn ni'n mynd
dros y dŵr.

Mam   I ble, felly?

Elin   Bob math o lefydd. Mi fydd ganddon ni
villa ar y Riviera a *chalet* yn y Swistir ...

Mam   Ac iglŵ yng Ngwlad yr Iâ a thŷ mwd
mewn coedwig yn yr Affrig.

Elin   Dydach chi ddim yn fy nghredu i.

Mam   Dydy hynny ddim yn bwysig, cyn belled â
dy fod **ti** yn 'u credu nhw.

Elin   Be dach chi'n 'i feddwl?

Mam   Rwyt ti reit siŵr mai felly y bydd hi, 'yn
dwyt?

Elin   Ydw.

Mam   Rwyt ti hannar ffordd yno felly. Ron inna'n
siŵr ar un adag. Ond mi fûm i'n ddigon
gwirion i ddeud fy mreuddwydion wrth
ffrind imi. Mi wnaeth y fath sbort ohona i
nes mod i'n sâl am ddyddia wedyn. A
phan ddois i ataf fy hun doedd gen i run
breuddwyd ar ôl.

Elin   Hen gnawes oedd hi yntê?

Mam   Falla 'i bod hi wedi gneud ffafr â fi o ddifri
— fy arbad i rhag gneud ffŵl ohona i fy
hun.

Elin   Ydach chi'n meddwl y gwna i hynny?

Mam   Nac ydw. Mi wyt ti'n wahanol. Rwyt ti'n
hogan ddel ac yn siŵr ohonat dy hun. Ac
mae'r byd yn wahanol. Mae hi'n haws
sylweddoli breuddwydion heddiw.

Elin   Fasach chi'n licio cael yr ers talwm yn ôl?

Mam   Na faswn.

Elin   Doedd o ddim yn braf iawn felly?

Mam   O, oedd. Doedd o ddim yn fêl i gyd, ond
be sydd? Mae'n rhaid inni gael rhywbath i
gwyno yn 'i gylch o hyd. Dyna sy'n gneud
y petha braf mor braf — yr un fath â chael
newid o ddillad gwlyb i rai sych, cynnas,
neu gael diod oer pan fydd dy gorn gwddw
di'n sych grimp ...

Elin   Neu dŵad adra'n ddigalon am fod Jan
wedi bod yn gas efo fi a Tomi'n deud y
gneith o'i saethu hi efo'i wn corcyn.

Mam   Wrth y gath y byddwn i'n deud fy
nghwynion. Mi fyddwn i'n dychmygu
weithia 'i bod hi'n mynd allan ganol nos ac
yn dial ar bawb oedd wedi bod yn gas efo
fi — 'u cripio a'u crafu nhw a hyd yn oed
dynnu'u llygaid nhw allan os oeddan nhw
wedi bod yn filan iawn. Ond mi roedd hi'n
rhy dew a diog i symud yn bellach na'i

sosar fwyd. Na, faswn i ddim yn licio
mynd yn ôl.

Elin   *(Ar fflach.)* Pam na rowch chi'r gora i'r
smwddio 'na a mynd allan am dro?

Mam   Ac mi ddaw'r tylwyth teg yma mae'n siwr
a'i neud o tra bydda i allan.

Elin   Wyddoch chi ddim. Plîs. Mi fydda i yma os
daw Tomi adra.

Mam   Dim ond tro bach — am 'i bod hi mor braf.

*Mae'r fam yn mynd allan ac Elin yn mynd ati i
wneud y smwddio. Toc clywir curo ar y ffenestr a
Jan yn galw.*

Jan   Haia.

Elin   *(Yn galw'n ôl.)* Tyd i mewn.

Jan   Tyd ti allan.

Elin   Na, fedra i ddim. Tyd i mewn am funud.

*Daw Jan i'r tŷ. Mae'n cario bwndel dan ei braich —
ei gwisg nofio wedi ei lapio mewn lliain. Mae Elin yn
dal i smwddio.*

Jan   Mi ddaru mam drïo nghael i i helpu yn y
tŷ. Ond dydw i ddim am fod yn forwyn i
neb. Mi ddeudis y gnawn i o am gyflog,
ond mi roedd hi'n deud nad oedd ganddi hi
ddim newid a phetha felly ac mi es i ar
streic.

Elin   Does 'na neb wedi gofyn imi 'i gneud
nhw. Fi sy'n dewis gneud.

Jan   Mae'n rhaid fod 'na goll arnat ti.

Elin   Biti drosti hi oedd gen i.

Jan   Dy fam?

Elin   Ia.

Jan   'I gwaith hi ydy o.

Elin   Roedd ganddi hithau ei breuddwydion pan
oedd hi'n ifanc.

Jan   Eisiau iddi hi wneud rhywbeth ohonyn nhw
oedd.

Elin   Doedd petha ddim mor hawdd yr adeg
honno.

Jan   Mae pobol bob amser yn trïo deud mor
ddrwg oedd hi arnyn nhw a mor dda ydy
hi arnon ni.

Elin   Dydy mam ddim felly.

Jan   Maen nhw i gyd felly. Wyt ti wedi darfod?

Elin   Naddo. Prun bynnag, mi dw i isio aros am
Tomi.

Jan   Hwnnw!

Elin   Mae o'n olreit.

Jan   Mae'i drwyn o'n rhedag o hyd. Ac mae o'n
drewi.

Elin   Nac ydy wir.

Jan   O, ydy. Mae hogia i gyd yn drewi. Dydyn
nhw byth yn golchi'u traed nag yn

	glanhau'u dannadd.
Elin	Gwenwyn wyt ti.
Jan	Gwenwyn?
Elin	Am nad oes gen ti ddim brawd. Does gen ti neb i sefyll drostat ti pan fydd rhywun wedi bod yn gas efo ti.
Jan	Mi fedra i sefyll drosta'n hun yn iawn.
Elin	A fydd gen ti byth neb i alw Modryb arnat ti chwaith.
Jan	Dydw i ddim isio bod yn fodryb i neb. Gas gen i fabis. Mae'r rheini'n waeth na hogia.
Elin	Hen ferch yn siarad efo cathod fyddi di felly, a phan fyddi di'n sâl fydd 'na neb i estyn diod poeth i ti na dim. A falla y byddi di farw yn dy wely a neb yn gwybod …
Jan	O, bydd ddistaw. Wyt ti am ddŵad i nofio?
Elin	Nac ydw.
Jan	Plesia dy hun.

Â Jan allan. Mae Elin yn prysuro i ddarfod y smwddio. Fel y mae wrthi'n tacluso'r dillad daw ei mam yn ôl.

Mam	*(Yn chwareus.)* A finnau'n gwadu fod 'na dylwyth teg.
Elin	Wn i ddim ydw i wedi'u gneud nhw'n iawn. Ches i fawr o hwyl ar y flows ysgol.
Mam	Hen gnawes ydy hi i'w smwddio. Diolch iti, Elin.
Elin	Does dim isio i chi ddiolch i mi.

Mae'r fam yn estyn parsel bach i Elin.

Mam	Presant i ti.
Elin	Beth ydy o?
Mam	Agor o.

Mae Elin yn agor y parsel ac yn tynnu clo allan.

Elin	I be mae hwn yn dda?
Mam	Clo i dy lofft di. Mi gaiff dad 'i osod o heno.
Elin	Dydw i mo'i isio fo. Diolch i chi run fath. Mi ro i o i dad — mae angan clo newydd ar y cwt.
Mam	Ond …
Elin	Taswn i'n rhoi clo ar y drws mi fasa fel deud nad ydw i ddim yn perthyn i chi. A fedra i ddim gneud hynny achos mai teulu ydan ni — dad a chi a fi a Tomi.
Mam	A Tomi?
Elin	Ia. Ddaru o ddim torri dim byd, dim ond gneud llanast. Ac mi roedd y llofft angan'i thwtio prun bynnag. Mi fydd **raid** imi 'i gneud hi rŵan.
Mam	Rwyt ti'n madda iddo fo felly?

Elin	Am y tro. Ond dydw i'n addo dim. Mae o'n beth reit braf cal rhywun i roi'r bai arno fo. Ar bwy oeddach chi'n rhoi'r bai?
Mam	Ar y gath.

Y ddwy yn chwerthin.

Mam	Dwyt ti ddim am fynd i nofio? Mi welis i Jan ar y ffordd. Mi aeth heibio imi ar 'i beic fel tasa'r diafol yn 'i gyrru hi.
Elin	Mi dw i'n meddwl 'i fod o. Mam?
Mam	Ia?
Elin	Fyddwch chi'n meddwl yn amal am y plant rheini roeddach chi wedi gobeithio 'u cael?
Mam	Weithia. Pan fydda i wedi blino neu'n teimlo'n unig.
Elin	Petha rhyfadd ydy ffrindia yntê? Chi a'r hogan honno a finna a Jan — yn brifo'n gilydd o hyd.
Mam	Ddylan ni ddim dibynnu gormod ar ffrindia. Mae'n rhaid i bawb neud yr hyn mae o'i hun yn 'i feddwl sy'n iawn, hyd yn oed os ydy o'n gneud ffŵl ohono'i hun weithia.
Elin	Mi dw i am fynd i dwtio'r stafall.
Mam	Aros funud inni gael panad o goffi a theisenna hufen ac mi ddo i i dy helpu di.
Elin	Does dim rhaid i chi.
Mam	Rydw i isio gneud. Mi fydd yn hwyl efo'n gilydd.
Elin	Ac wedyn mi awn ni i lawr i'r pwll nofio a mynd â Tomi efo ni. Mae hi'n hen bryd iddo fo ddysgu.
Mam	Ond mi fydd Dad isio'i de.
Elin	Mi ddown ni â sglodion tatws a physgod adra efo ni.
Mam	Rwyt ti wedi meddwl am bob dim, yn dwyt?
Elin	O, dydw i ddim yn ddrwg i gyd. Mi wna i i chi anghofio'r hen blant bach annioddefol 'na.
Mam	Wyddost ti be — dydw i ddim yn meddwl y bydd arna i 'u hangan nhw fawr chwanag.

Eigra Lewis Roberts

CARU MEWN MWGWD

'Wyt ti'n mynd allan heno, Gloria?'

Rhinc o gwestiwn oedd o. Hen eco'n ymestyn o un nos Sadwrn i'r llall. Doedd dim llonydd i'w gael yn y tŷ yma. Cuchiodd yr eneth ar ei mam gan deimlo'i gwaed yn poethi ac yn cochi ei gwddw a'i hwyneb. Heb allu palu celwydd o'r newydd, atebodd yn gwta,

'Ella, ga' i weld.'

'Chei di byth gariad wrth loetran yn y tŷ 'ma. Hogan o d'oed ti! Jest yn ddeunaw oed, heb hogyn i'w chanlyn! Ys ti be, mae gen i gywilydd pan fydd y lleill yn holi amdanat ti'n y Bingo! A finna heb gythral o ddim i'w ddeud. Be sy arnat ti dŵad? Ron i'n eu newid nhw bob lleuad mhell cyn gadael rysgol yn bymtheg oed ac wedi gwbod be di be a phriodi yn d'oed di.'

Dyna ddechrau brolio'r rhibidires o gampau carwriaethol ei mam, mor ddiflas eu blas â'r pwdin reis tun a luchiai hi ar y bwrdd cinio bob dydd Sul ... Codai ei llais i gystadlu â'r brefu croch ar Radio Manaw di-daw a'i llygaid glas golau yn sgleinio fel pyllau bach o ddŵr toddi yn eira budr y powdwr rhad ar ei hwyneb. Gwyliai Gloria, er ei gwaethaf, y gwefusau mawr gwlyb yn blasu'r gorffennol a theimlai ei stumog yn troi. Os merched tebyg i'w mam a'i siort oedd ar ddynion eu heisiau, wel rhwydd hynt iddynt. Treiddiodd y llais blagardlyd drwy ei meddyliau.

'A dyna'r hogyn Wayne 'na wedyn. Rhyw dipyn o ditw-ffansi ydi ynta hefyd, ei ben mewn llyfr yn lle llyncu 'i beint fel dyn. Dwn i ddim be wnes i, i haeddu dau lipryn run fath â chi. Plant ych tad ydach chi.' Fel petai hynny'n warth arnynt.

'Hy, does raid i mi ond sôn am y diawl, nad ydi o dan 'y nhraed i.'

Wrth glywed traed ei thad yn llusgo'n ddienaid at ddrws y cefn, gwelodd Gloria ei chyfle. Sleifiodd i'r llofft a'i thaflu ei hun ar y gwely cul. Cawsai lond ei bol ar yr holi a'r stilio cyn gynted ag y dôi drwy ddrws y tŷ a'r gobaith am y wyrth ei bod wedi cael cariad ar wyneb ei mam yn diflannu bob tro fel swigen ar ddŵr budr. Y peth callaf a wnaeth Wayne oedd hel ei draed a mynd i lety er ei fod ddigon agos yn ei waith i ddod adref bob nos. Pam na allai hithau ddianc o grafangau ei mam? Fe ddylai gael swydd well nag yn y siop lyfrau heb lawer o drafferth gan iddi fynnu aros yn yr ysgol tan llynedd, er gwaethaf ei mam, i gael tystysgrif dda. Wrth gwrs, roedd talp o ddyn yn dipyn mwy o werth na darn o bapur yn ei llygaid hi.

'Dydi hi ddim yn anodd cael dy ddwylo ar ddyn, wst ti, ond i ti ddangos be sgen ti i gynnig.' Dyna'i hadnod hi. Wel, os ei bywyd straellyd hi oedd y wobr, croeso iddi hi, a'i dynion hefyd.

Ond arhosa i ddim yn y twll 'ma heno i wrando arni'n cael ei hewinedd i nhad; mae ei hen swnian hi'n bwyta i mherfedd i.'

Cododd i edrych ar ei llun yn y mymryn drych ar y wal. Gwelai wyneb hir, llwydaidd, y llygaid yn fwll o dywyll a'r gwefusau'n llonydd, wyneb heb ei ddeffro. Yn ei gwallt du'n unig yr oedd bywyd. Crychai'n gylch annisgwyl o aflonydd o gwmpas ei phen.

Na dydw i'n fawr o bictiwr, mae ngwyneb i'n hen ffasiwn rywsut.

'Mae gen ti wynab diddorol.' Dyna fyddai cysur Wayne iddi. Wayne a Gloria! Am lol o enwau i rai o'u bath nhw! Ei mam hurt eisiau crandrwydd ac yn ceisio gwneud ffesant o ddau bitw o adar to. Yr hen hulpen wirion iddi hi.

Ia, rhyw dderyn to bach llwydaidd ydw i hefyd. Mam yn dannod fy mod yn debyg i Dad.

'Does 'na ddim mymryn o sbonc yn yr un ohonoch chi.'

Tada druan! Does yna ddim sbonc ynddo fo chwaith; mae o fel rhyw bryf genwair bach yn tyrchu yn y clwt bach 'na o ardd sy ganddo fo, fel tai o'n trïo dianc rhag ei phigo diddiwedd hi. Wel, diolch i Dduw nad ydw i ddim yn debyg iddi hi beth bynnag!

Pinsiodd ei boch i geisio rhoi tipyn o liw ynddi. Tynnodd flewyn neu ddau o'i haeliau. Ochneidiodd.

Af, mi a i allan heno, ond nid i'w phlesio hi chwaith. Does wybod pwy wela i. Mi fasa'n braf cael rhywun i gael sgwrs iawn hefo fo. Beth oedd y ddihareb honno ddysgais i yn yr ysgol? 'Brân i frân arall a chlogwyn i farcutan'. Efallai bod 'na frân debyg i mi yn rhywle. Mi a i ar sgawt i'r Disco.

Brwsiodd y gwallt du'n ffyrnig i geisio'i unioni i fod yn y ffasiwn ond neidio yn ei ôl a wnâi bob cynnig fel lastig.

Ia, rêl hen frân ydw i hefyd hefo'r hen wallt 'ma.

Agorodd y bocs coluro rhad a gawsai'n anrheg Nadolig awgrymog gan ei mam. Gwgodd ar ei llun cyn llunio'i gwefus uchaf yn fwa fflamgoch. Brathodd ei dwy wefus yn dynn yn erbyn ei gilydd i liwio'r wefus isaf. Yn y glàs, gwelodd flot o inc coch ar dudalen wen ei hwyneb. Am lanast! Rhwbiodd ei cheg yn noeth â darn o hances bapur, yna crychodd ei thalcen wrth liwio'i hamrannau'n gleisiau piws a'i llygaid yn suddo i'w phen mewn protest.

Gwthiodd y bocs oddi wrthi mewn anobaith ac aeth i agor ei chwpwrdd dillad. Roedd ganddi ddigon o ddewis; ei hyder oedd yn brin. Gwaria weddill ei chyflog ar ddillad, ond heb fentro eu gwisgo. Gafaelodd mewn sgert biws ysgafn. Wrth iddi ei chau am ei chanol, ymestynnai o'i chwmpas fel blodyn ar fin agor. Blows lês wen â gwddw uchel a'i hesgidiau uchel gwyn? Pam lai?

Fe fydd fy nillad i'n debyg i'r lleill os ydi fy ngwyneb i'n boitsh.

Edrychodd ar ei llun.

'Mae gen ti goesau siapus, wst ti.' Laura ei ffrind yn y siop, yn chwilio am rywbeth i godi ei chalon hi.

Fe'u newidiwn i nhw fory nesa am ei gwallt melyn a'i chwerthin cynnes hi. Rŵan ta, taswn i'n medru mynd allan heb i mam 'y ngweld i a nhynnu i'n greia. Gwasgodd ei dannedd ar ei gwefus isaf. Agorodd y drws ac i lawr y grisiau a hi.

Ond dim y fath lwc! Pan oedd hi ar y gris olaf, daeth y floedd arferol,

'Glo-ria!'

Daria hi! Fe fuasai rhywun yn meddwl mai 'Glo' oedd ei henw hi, a'r 'Ria' ar y diwedd yn ddim ond rhyw rigian swnllyd.

'O! rwyt ti YN mynd allan!' (fel petai hynny'n orchest iddi hi). 'Tyd yma i mi gael golwg arnat ti.'

Eto fyth! Fe'i teimlai ei hun yn mynd i'w gilydd i gyd fel *accordion*. Corddai o gasineb at ei mam wrth iddi dynnu ei llinyn mesur budr ar hyd-ddi.

'Criba dy wallt i lawr dros dy dalcen — lle bod 'na ormod o dy wyneb di yn y golwg. Rho blwc i dy sgert i fyny am dy ganol. Mi fasa un dynn yn well i ddangos dy siâp di a dy goesa di ydi'r petha gora sy gen ti i gynnig. Cerdda hefo tipyn o gic — fel hyn, ys di.' Edrychai fel hwyaden wedi ei dal hi wrth simsanu ei ffordd tua'r drws. Trodd yn ei hôl i roi barn bellach.

'Synnwn i ddim na wnei di rwbath ohoni hi heno ond i ti beidio edrach mor sobor. Mi faset i'r dim yn wraig gweinidog; basat wir,' meddai gan lafoerio chwerthin.

'Dos yn dy flaen, hogan, a gwna d'ora. Duwcs! Ella byddi di'n ferch i dy fam yn y diwedd!'

Teimlai'r eneth awydd sgrialu'n ôl i'w hystafell, gyda'i hyder unwaith yn rhagor wedi ei fygu gan gleber gwrthun ei mam. Ond heb air o'i phen gwthiodd heibio iddi, gan roi clep ar y drws. Pwysodd arno am eiliad, i anadlu awyr iach i'w ffroenau, i'w glanhau o oglau'r persawr rhad a'r hen chwys a lynai wrth ei mam fel saim ar badell yn oeri.

Yna, sythodd a cherddodd yn frysiog o'r golwg. Edrychodd ar yr awyr. Roedd hi'n dechrau nosi ac un seren fach yn gwenu arni. Cododd ei chalon. Hi oedd piau hi ei hun am heno o leiaf. Pictiwrs neu'r Disco? Gallasai swatio yn y tywyllwch yn ei byd bach ei hun yn y pictiwrs ond beth pe bai un o griw y bingo yn ei gweld? Ni chlywai hi byth mo'i diwedd hi gan ei mam. Gwastraff ar gyfle fyddai ei dedfryd hi. Y Disco amdani hi, ynteu. Gallai yfed paned neu ddwy o goffi i basio'r amser a byddai Laura'n siwr o ddod ati hi. Byddai twrw'r lle'n ei byddaru ond gwell hwnnw na'r radio adra a theimlo ei mam yn cystadlu ag ef.

Brysiodd i lawr y stryd mor ddidaro ag y medrai, heibio i dyrrau o fechgyn disgwylgar. Dechreuodd un llygadog chwibanu wrth ei gweld yn nesu ond wrth iddi hi hercio ei phen a dechrau cochi, chwarddodd y lleill a throdd y chwiban yn rigian. Ychydig lathenni'n bellach, daliodd un arall ei droed yn slei o'i blaen a rhoddodd hithau gic daclus i'w ffêr, a'i ddiawlio poenus yn falm i'w nerfusrwydd.

Arhosodd mewn gollyngdod wrth ddrws y Disco, yna llithrodd drwyddo fel llygoden i dwll. Rhythodd o'i chwmpas. Yng nghanol y dwndwr a'r cleber, ni faliai neb yr un botwm amdani a roedd hynny'n gysur iddi. Buan y cynefinodd ei llygaid â'r niwl poeth o'i chwmpas ac eisteddodd ar gadair wrth fwrdd gwag, gyda phaned o goffi ewynnog rhwng ei bysedd.

Byr fu'r hoedl.

'Haia! Dyma sioc! Beth ddoth â chdi allan o'th gragen, dŵad?'

Laura, un o'r genethod yn y siop a'i cyfarchai, ei breichiau ymhleth am ryw bolyn o hogyn swrth.

'Tyd at y criw i fan'cw, i ti gael tipyn o hwyl.'

Tynnodd un fraich yn rhydd a gafaelodd yn Gloria a rhoi hergwd chwareus iddi hi o'i chadair. Gyda'r coffi'n slempian yn ei soser, dilynodd hwynt yn igam-ogam drwy'r dyrfa winglyd. Chwarae teg i Laura; gwnaeth iddi ddod i adnabod hwn a'r llall ond er ei gwaethaf, ni allai ymlacio a theimlai fel estron yn eu canol. Teimlai ei geiriau'n sych ar ei thafod a'i chwerthin yn denau fel glasdwr yng nghanol yr hwyl fras o'i chwmpas. Er hynny dioddefodd y miri i'r eithaf i geisio dod yn un ohonynt. Teimlai fel brechdan wedi cyrraedd adra ond gallodd osgoi cwestiynau ei mam trwy ddianc i'r tŷ-bach a chloi'r drws. Credai hi mai swildod y goncwest gyntaf a'i dirdynnai ac am unwaith yn ei bywyd, cafodd ras i gau ei cheg.

Digon tawel fyddai busnes yn y siop fore Llun a byddai cyfle i'r genethod gnoi eu cil dros ddigwyddiadau nos Sadwrn. Am y tro cyntaf, haeddodd Gloria ei lle yn y gorlan, er mai tawel oedd hi yng nghanol y brefu. Pan ddaeth hi'n amser paned, gafaelodd Laura amdani a'i thynnu o'r neilltu.

'Yli, rydw i isio cael sgwrs hefo ti. Rydw i wedi bod yn constro amdanat ti. Wnei di ddim byd ohoni hi ar dy ben dy hun —'

Eto fyth, oedd Laura am ddechrau arni hi fel ei mam?

'Gwrando, wst ti Bob, yr hogyn 'na oedd hefo fi nos Sadwrn, — ei gyfarfod o yn y Disco wnes i. Roedd o'n deud fod 'n ryw foi o ffordd hyn yn y gwaith efo fo, Cymro hefyd. Mae o am ei slensio fo i ddŵad hefo fo yn y car nos Sadwrn nesa, i chdi gael dyn i chdi dy hun. Iawn, 'te? Boi distaw ydi o, medda fo. Jest y peth i chdi. Gei di weld, mi gei di hwyl iawn. Rhaid i ti ddysgu mentro, wst ti.'

O diar! Oedd raid iddi hi gael hogyn wrth ei chwt i fod yn hapus? Oedd dim llonydd i'w gael? Ond roedd Laura'n wahanol i'w mam. Am wneud ei gorau i'w helpu yr oedd hi, a rhaid iddi hithau beidio â bod yn ful. Roedd yn gas gan ei chalon feddwl am yr hogyn diarth yma, ond ni fedrai wrthod rywsut, rhag brifo teimladau Laura ac roedd hi'n ddigon buan i ddechrau poeni am nos Sadwrn rwan.

Er hynny, gwibiodd y dyddiau heibio fel y gwynt a hithau'n difaru iddi gytuno â'r cynllun. Cwynai ei mam ei bod yn ddistawach nag arfer.

'Rwyt ti'n mynd yn fwy i dy gragen bob dydd,' grwgnachai. 'Welais i rioed dŷ mwy di-sgwrs, naddo wir. Mae edrych arnat ti a dy dad yn ddigon â

chodi'r felan arna i.'

Amser te dydd Iau, roedd yn fwy o gingron nag arfer.

'Pwt o gerdyn gan yr hogyn Wayne yna. *My Lord* yn meddwl dŵad adra am ryw awr p'nawn Sadwrn.'

Siriolodd Gloria drwyddi.

'Digon hawdd i ti fod yn falch. Hel ei draed i fan hyn, heb unlle gwell i fynd mae'n siwr, a disgwyl cael llond ei fol am ddim, mi dyffeia i o! Gaiff o weld peth arall. Codi ei bac i fynd o 'ma, heb ddeud na bw na be, gynta doth o i gael pres del. Fel 'na mae plant; mae pawb yn deud. Dim byd i'w weld o'u crwyn nhw ar ôl bustachu i'w magu nhw. Mi rois i flynyddoedd gora' mywyd i chi'r diawled.'

Am unwaith, trodd Gloria fotwm y radio yn hytrach na gwrando arni hi'n paldaruo a llyncodd y tsips llugoer cyn dianc i'w hystafell. Teimlai'n ysgafnach ei hysbryd. Fe fynnai gael sgwrs gyda'i brawd, doed a ddelo. Fe feddyliai am ryw esgus i'w gael i'w lloft; fe fyddai'n siwr o'i helpu i fynd oddi yma. Wrth ogor-droi'r syniad yn ei meddwl, gallodd anghofio ei phryder am yr hogyn diarth a chynllun Laura ar ei chyfer.

Bore Sadwrn, amser brecwast, er mwyn heddwch, dywedodd wrth ei mam fod ganddi hogyn mewn golwg y noson honno, ond cyn iddi hi gael ei gwynt ati, siarsiodd hi,

'Waeth i chi heb â holi; chewch chi ddim allan ohona i; waeth i chi roi gora iddi cyn dechra.'

'Wyt ti ddim isio gair o brofiad?'

'Dim diolch, cadwch o i chi'ch hun,' atebodd yn swta. 'Os bydda' i'n hwyr yn y siop, fydd gen i ddim gwaith na chyflog, a dim pres bingo i chitha.'

Rhoddai beth o'i chyflog i'w mam er mwyn i'w thad a hithau gael llonydd yn y tŷ gefn nos. Sobrodd hithau drwyddi wrth feddwl am fywyd di-fingo a diflannodd Gloria o'i golwg fel haul tan gwmwl.

Pan gyrhaeddodd adre ychydig wedi chwech o'r gloch, clywai ei mam yn rhefru ar ei brawd am ei ddifaterwch tuag ati.

'Plant a dynion, rydach chi i gyd run fath.'

Yr un hen diwn gron. Nid oedd taw arni. Llechai ei brawd tu ôl i'w bapur newydd a chyn iddi gael dweud gair arthodd ei mam arni hithau,

'Tyd ditha rwan; brysia i fyta dy de, i ti gael golchi'r llestri cyn mynd allan.'

Edrychodd ei brawd arni'n llawn diddordeb.

'O, i ble'r wyt ti'n mynd heno, ta?'

Cyn iddi gael agor ei cheg rhoddodd ei mam ei phig i mewn,

'Mae hi wedi cael hogyn o'r diwedd, cofia.'

Brathodd yr eneth ei gwefus,

'O, byddwch ddistaw mam, oes 'na ddim llonydd i'w gael?'

Winciodd ei brawd arni ac fe'i claddodd ei hun eilwaith y tu ôl i'w bapur a llowciodd hithau ei the, gan geisio meddwl am esgus i gael ei brawd o'r gegin.

'Tyrd i gael golwg ar y llyfr newydd rydw i wedi ei brynu,' mentrodd ar ôl gorffen.

'Mae gen ti rwbath gwell na llyfr i feddwl amdano heno, does bosib,' dechreuodd ei mam, ond torrodd Wayne ar ei thraws.

'Am funud ta, rhaid i mi ei chychwyn hi, wst ti. Rydw i wedi trefnu i weld y boi sy'n gweithio hefo fi'n y dre.'

Yn y llofft, gafaelodd yn ei hysgwyddau, gan ei hysgwyd yn dyner.

'Rwan ta, mechan i! Pwy ydi'r boi 'ma sy gen ti? Does 'na ddim rhyw olwg hapus iawn arnat ti.'

Cyfaddefodd Gloria'r gwir wrtho a'r rheswm iddi hi gytuno.

Edrychodd yntau'n dosturiol arni,

'Yli, del, rhaid i ti beidio malio dim mae mam yn ddweud wrthot ti. Mi ddaw d'amser di! Rwyt ti'n dderyn bach digon handi ond dy fod ti â dy ben yn dy blu. Y peth gora i ti fase i titha godi dy bac a mynd oddi yma i ti gael dysgu sefyll ar dy draed dy hun.'

'Ond Wayne,' chwarddodd, 'dyna'r feri rheswm pan on i isio siarad hefo ti! Rhyfedd 'te?'

'Ys di be', hogan, mae gen i syniad; un da ydi o hefyd, ond mae'n rhaid i mi ei heglu hi rwan neu chlywa i byth mo'i diwadd. Rhag i mam synhwyro fod 'na rhyw ddrwg yn y caws, mi ffonia i di yn y siop ac mi drefnwn ni i gael sgwrs yn rhywle. Coda dy galon. Mae dy fywyd di o'th flaen di. Mi wela i di.'

Ac i lawr y grisiau ag ef a thrwy ddrws y ffrynt cyn iddi hi gael gwynt i'w holi am ei syniad. Beth oedd y brys heno? Tybed a oedd ganddo fo gariad a ddim eisiau siarad am y peth? Roedd wedi edrych ymlaen gymaint am ei weld a chael siarad fel y byddent yn arfer gwneud cyn iddo fynd i ffwrdd. A dyna fo wedi mynd bron cyn iddi sylweddoli ei fod o yno. Ond fe addawsai ffonio. Rhaid oedd bodloni ar hynny.

Edrychodd ar ei wats. Y Nefoedd Fawr! Roedd hi'n saith o'r gloch a hithau i fod i lawr yn y Cwpwrdd Cornel erbyn hanner awr wedi. Chwysai wrth feddwl am y peth. Roedd ei bysedd yn fodiau i gyd wrth geisio rhoi trefn ar ei hwyneb a gwisgo amdani.

Sut un fyddai'r hogyn yma, tybed? Beth ddywedai hi wrtho? O diar, chwarter wedi saith. Rhaid i mi roi ras

arni hi neu mi fydd Laura'n meddwl mod i wedi methu codi plwc a ddim am ddŵad.

Am ei bod yn ben set arni, gallodd, er mawr ollyngdod iddi, ddianc rhag ei mam yn weddol ddiasbri.

Wrth duthio i lawr y stryd, teimlai'n ddiolchgar i Laura am ddewis y Cwpwrdd Cornel yn hytrach na'r Disco fel man cyfarfod.

'Mi fydd hi'n dawelach yno,' oedd ei dedfryd, 'i ti gael golwg iawn ar y boio wrth ben panad ac mi gawn ni drafod lle i fynd wrth ein pwysa.' Gobeithiai Gloria mai i'r pictiwrs yr aent, iddi hi gael sbario chwilio am rywbeth clyfar i'w ddweud. O wel, ar ôl gweld Wayne, teimlai fwy o hyder; roedd ef yn gefn iddi, doed a ddelo, felly fyddai'r byd ddim ar ben petai'r noson yn llanast.

Wedi cyrraedd caffi'r Cwpwrdd Cornel, cymerodd gip drwy'r ffenest cyn mynd i mewn. Gwelai Laura â gwên ryfeddaf ar ei hwyneb. Roedd cefnau'r ddau fachgen tuag ati ac edrychai un ohonynt yn debyg i rywun ...

Rhoddodd hwb bwrpasol i'r drws a cherdded at y bwrdd. Safodd yn stond wrth ochr ei ffrind. Ei brawd, Wayne, a'i hwynebai, yn wên o glust i glust. Heb ddweud gair o'i phen, suddodd i'w chadair. Yna chwarddodd yn glanna farw. Yr holl bincio, yr holl bendroni a chonstro i ddod i gwrdd â'i brawd hi ei hun! Wel, am jôc! Hawdd y gallai Laura edrych yn rhyfedd!

'Oeddet ti'n gwbod yn y tŷ?'

'Ddim ffiars o beryg, mechan i, ond mi mentrais i hi. Rydw inna'n falch o'r cyfle i dy weld ti ar dy ben dy hun. Mae gen i isio sgwrs iawn hefo ti.'

'Wel, diolch byth,' ochneidiodd Laura, 'roeddwn i'n ofni y basach chi'ch dau'n gandryll ac yn meddwl ein bod ni wedi gneud ffyliaid ohonoch chi. Coblyn o dric ynte? Be' 'nawn ni rwan, deudwch?'

'O! Peidiwch â phoeni dim amdanon ni. Mi fydd Gloria a fi'n iawn. Mi roedden ni isio rhoi'r byd yn ei le. Cerwch chi'ch dau am dipyn o hwyl. Mi wela i di wrth y Disco am hanner nos, Bob.'

Ac felly y bu. Wrth yfed y coffi, dywedodd wrth ei chwaer,

'Rhaid i ti ddwad o grafangau'r ddynes acw. Mae hi'n lladd d'ysbryd di. Mi fydd yna stafell wag yn y lle 'cw ymhen pythefnos. Un o'r bois yn priodi. Mi hola i ynglŷn â hi drosot ti. Mi fedri fynd yn ôl ac ymlaen i'r siop bob dydd; mi gei di diced gweithiwr ar y bws. Mi roith hynny siawns i ti chwilio am swydd well. Mae 'na ddigon yn dy ben di. Fasa fo ddim yn ddrwg o beth i ti fynd i wella dy hun i'r Tec gyda'r nos.'

Nid oedd ball ar y sgwrs. Gwelai Gloria'r byd yn ymagor o'i blaen. Ar ddiwedd y noson, trefnasant i gwrdd yr wythnos ganlynol i wneud paratoadau mwy pendant iddi hi symud oddi cartref. Cytunasant nad oeddent i ddweud gair wrth ei mam tan y munud olaf.

Gwibiodd adref fel gwennol ac am unwaith, ni faliai'r un botwm am chwilfrydedd ei mam. O'r diwedd, teimlai'n ddigon cryf i'w hwynebu. Roedd yn ei haros yn ei choban ar ben y grisiau. Edrychodd mewn syndod ar lygaid gloyw ei merch a'i gwrid yn ei bochau.

'Mi gest hwyl, ta?'

'Hwyl ddwedsoch chi? Do, mi ges i hwyl, dyma noson ora mywyd i.'

Llithrodd heibio iddi ac i mewn i'w hystafell a chloi y drws cyn i'w mam sylweddoli beth a ddigwyddasai.

Agorodd y fam ei cheg ac am unwaith yn ei bywyd, caeodd hi heb yngan gair. Yn annifyr ei byd, aeth yn ôl i'w gwely a rhoddodd bwniad i gefn ei gwr. Daliodd yntau i chwyrnu cysgu. Gwawriodd y gwir arni: roedd y blydi lot wedi mynd allan o'i chyrraedd hi.

Marged Pritchard

SUT HWYL?

Cymeridadu: Delyth (tua 15—16 oed); ei mam; Donna, ffrind Delyth; dyn diarth.

Golygfa 1: Ystafell fyw

Mam Sgen ti ddim byd i'w ddeud wrtha i a finna wedi bod fy hun yn yr hen dŷ 'ma drwy'r dydd?

Delyth Dim byd i'w ddeud, nag oes?

Mam Wedi llyncu mul eto, ia?

Delyth Trïo llyncu nhe ydw i ac mi fyddech chi'n cega digon hefo fi ers talwm am siarad hefo llond fy ngheg 'yn byddech?

Mam Does dim isio i ti lowcio dy de chwaith nag oes? Does dim brys a dydw i ddim wedi torri gair efo neb ers ...

Delyth Oes, ma 'na frys. Dw i wedi addo gweld Donna yn y dre.

Mam A ngadal inna yn y twll 'ma drwy'r fin nos! Sgen ti ryw syniad sut rydw i'n teimlo? Dy dad yn 'y ngadal i i gythral ...

Delyth Mae gen i syniad sut roedd Dad yn teimlo beth bynnag ...

Mam *(Yn rhoi clustan iddi ar draws ei hwyneb.)* Yr hen jadan fach ddideimlad i ti! Gobeithio y cei ditha yr un profiad â fi — cael fy ngadael ar y clwt a finna'n gneud dim ond gneud fy ngora i bawb. Well gynno fo gael hwyl efo rhyw hen bifflan fach ifanc a ...

Delyth *(Yn neidio i fyny a rhuthro am y drws ond yn troi i edrych ar ei mam.)* Mam! Dw i wedi cael llond bol, dach chi'n dallt? Mae gwrando arnoch chi'n rhefru'n codi cyfog arna i ... Dw i'n mynd ...

Mam *(Wedi rhuthro ati i afael ynddi.)* A lle rwyt ti'n meddwl rwyt ti'n mynd, mi leiciwn i wybod?

Delyth Dydw i wedi deud wrthoch chi! I'r dre at Donna!

Mam *(Yn dal ei gafael yn dynnach.)* Ond does 'na ddim bws tan hanner awr wedi pump nag oes? Ac mi fyddi di wedi fferru'n sefyllian ...

Delyth Dydw i ddim yn mynd i sefyllian, nag dw?

Mam *(Yn sobri drwyddi.)* Hei, gwranda di arna i, mechan i! Ar boen dy fywyd, paid ti â bodio a hitha'n dechrau twllu a ...

Delyth *(Yn chwerthin dros y lle.)* Peidio â bodio! Am jôc! Sut dach chi'n meddwl rydw i'n mynd yn ôl ac ymlaen i'r dre? Dw i ddim yn debyg o wastraffu'r ychydig geinioga rydw i'n gael gynnoch chi ar diced bws nag dw?

Mam Ond bendith yr annwyl i ti! Gwranda arna i! Dwyt ti ddim mor ddiniwed nad wyt ti'n gwybod ...

Delyth *(Yn edrych i fyw llygaid ei mam.)* Na, dydw i ddim yn ddiniwed Mam! Dw i'n dallt yn iawn pam nad oes gen i dad yn byw yn y tŷ 'ma i roi pas yn ei gar i'r dre i mi. Rydw i hefyd yn dallt yn iawn pam rydach chitha'n byw mewn rhyw fyd bach o ffantasi, yn darllen hen nofela bach gwirion, rydw i'n ...

Mam *(Yn troi oddi wrthi.)* Wel, os fel 'na mae 'i dallt hi, paid titha byth â rhedeg adra fel rhyw hen ast wedi gneud dryga hefo'i chynffon rhwng ei choesa. Dw i wedi cael mwy na fedra i ddiodda'n barod er nad oes neb yn barod i wrando arna i. A dwyt titha ddim mor tebol ag rwyt ti'n feddwl. Sgen ti ddim syniad mor ddrwg ydi dynion, yn hudo merched jest i gael 'u ffordd 'u hunain, wedyn ar y domen ...

Delyth O mam! Tewch wir! Run hen gân fel hyrdi gyrdi! Ond wir, does dim rhaid i chi boeni amdana i ... nid babi ydw i, wir i chi! Fydda i ddim yn hwyr! ... Dw i'n addo ... reit?

Golygfa 2: Rhyw awr yn ddiweddarach mewn caffi yn y dre. Delyth a Donna yn yfed coffi.

Donna Ti'n edrych fel 'tai rhywun wedi dwyn dy bres di! Be sy?

Delyth O, dim byd! ... Dim byd o gwbwl!

Donna Leiciwn i mo dy weld ti ar ôl i rywun ddwyn dy bres di ta!

Delyth O, sori Donna! Ond ti'n gwbod yn iawn ...

Donna Nag dw! Dydw i ddim **yn** gwbod ne faswn i ddim yn gofyn na faswn? Be' ti'n feddwl ydw i? Peiriant sgan neu rywbath?

Delyth O wel, Mam sdi! Yr un hen diwn gron!

Donna Falla y daw dy dad yn ôl, ... blino sdi ... dydi o ddim yn foi ifanc, nag di?

Delyth Ddim ffïars o beryg! Ddim os ydi o'n gall! Hyd yn oed os gwnaiff o flino, mae 'na ddigon o bysgod erill yn y môr yn does?

Donna Ti'n iawn! Ond mi roeddech chi'ch dau yn

dipyn o ffrindiau 'n doeddech, adar o'r unlliw a ballu, mae o'n siŵr ...

Delyth Costio gormod sdi! Mam yn hewian ac yn hel meddylia yn lle gneud bwyd iawn a chadw'r lle'n ddel, y tŷ 'cw fel twlc mochyn weithia sdi. Wir, mi fydda inna'n teimlo fel hel fy nhraed weithia ...

Donna Paid wir! Mi fasa hi'n rhoi'r glas ar d'ôl di cyn i ti gael dy draed danat a dyna lle basat ti, adra'n d'ôl ac yn teimlo'n rêl ffŵl. Tyd, beth am banad arall? I godi dy galon di ac mi dala i — jest am heno, cofia!

Delyth Fi fydd yn talu nos fory, 'ta. *(Mae Delyth yn codi i roi pres yn y peiriant canu tra mae Donna 'n mynd am y coffi ond mae hi'n troi yn ei hôl wrth newid ei meddwl. Daw Donna'n ei hôl hefo dwy baned ac mae'n gwthio un tuag at Delyth.)*

Donna Yfa honna ar dy dalcen. Mi wnaiff les i ti!

Delyth Dim llawer ohoni hi ar ôl ond yn y soser, nag oes? Dy nerfa ditha'n ddrwg?

Donna Wel, diolch am ddim byd! Yr hogan wrth y cownter wnaeth 'i slempian hi, ddim fi! Os wyt ti'n mynd i rygnu fel'na, fyddi di ddim gwell na dy fam!

Delyth *(Yn llyncu pob diferyn o'r coffi cyn ateb.)* Sôn am rygnu, wyddost ti be oedd hi'n ferwi amdano fo cyn i mi adael?

Donna Mi fydda i'n gwbod, os deudi di wrtha i, 'yn bydda?

Delyth O, dynion yn ddrwg fel arfer ond heddiw, peryg i genod bach neis run fath â ni gael sachad wrth fodio, neb yn gwbod pwy di pwy ... di ... da ... di ... da ... di ... da di. Llenwa di'r bylcha, ti'n gwbod gystal â finna. Ma' eisio mynedd sdi. Does 'na ddim un dyn gwerth sbïo arno fo yn y pentra 'cw ... pob un yn 'i heglu hi am 'i fywyd os oes 'na gic ynddo fo a dim un o'r hogia hefo car ...

Donna Sut dest ti i'r dre heno ta?

Delyth Gwnidog wedi bod yn cyfarfod plant ar ôl rysgol bach ac mae o'n ddigon parod ...

Donna Yn ddigon parod i be, 'lly?

Delyth Wel, i roi pas i mi, be arall?

Donna Dim ond gofyn! Sdim isio bod yn bigog, nag oes?

Delyth Sori! Ond dw i 'di cael llond bol, sdi! A drycha ar y lle 'ma! Hwn ddigon â chodi'r felan ar angel yn dydi? Mi rown i'r byd am weld rhywun fasa'n rhoi dipyn o sbort i'r lle ...

Donna Sori! Dw i'n neb, nag dw? Ac yn gneud fy ngora glas i ti!

Delyth O tyd yn dy flaen! Ti'n gwbod yn iawn be dw i'n feddwl!

Donna Wel, mae Wil gen ti bob amser ...

Delyth Dyna'r drwg te? ... Mae o'n rhy ... yn rhy ...

Donna Yn ddigon del beth bynnag a digon yn 'i ben o, yn barddoni a ballu.

Delyth Ond trïa di 'i gael o i'r dre ac am ddisco, wel ..! A dydi o ddim yn ddigon hen i gael dreifio a chwara teg, mi fydda i'n laru cerdded ar lan rafon a ...

Donna *(Yn chwerthin.)* Paid â deud mai dim ond cerdded fyddwch chi ...

Delyth *(Yn chwerthin gyda hi er ei gwaethaf.)* Naci, siŵr! Fel bydd Dic Welsh yn deud 'Mae rhaid i bob bardd cael profiad' ... a phob hogan, sdi! Dyna ddrwg Dad a Mam sdi! Caru'n rysgol, ddim yn edrych ar neb arall. Priodi cyn 'u bod nhw allan o'u clytiau ...

Donna Da ... di ... da ... di ... da ac rydw i'n gwbod diwedd y stori, Delyth druan!

Delyth *(Yn siarad rhwng ei dannedd.)* Dydw i ddim isio bod yn Delyth druan, ti'n clywed? ... Beth bach! Does ganddi hi ddim help ... 'i mam hi fel mae hi a'i thad hi ... yr hen genna budur ... Fel 'na maen nhw, sdi, merched y pentre 'cw ... dim byd i' neud ond tynnu pobol yn gareia ... a dydw i ddim isio'u piti nhw na dy biti di chwaith!

Donna *(Yn codi ar ei thraed.)* Reit! Dyna ni'n dallt 'yn gilydd i'r dim! Mi fedar dwy gael llond bol sdi! Ac mi rydw i beth bynnag isio dipyn o awyr iach.

Y ddwy'n cerdded allan o'r caffi.

Golygfa 3: Yn y stryd.

Donna Wel, be nesa?

Delyth Be nesa be?

Donna Be am fentro i'r *Black Lion*? Ti'n gêm ... Rhywbeth cryfach i godi dy galon di! A does wybod pwy welwn ni!

Delyth Dan oed, dydan?

Donna Ddim yn edrych fel plant, nag dan?

Delyth Ddim yn teimlo fel plant beth bynnag!

Donna Wel, beth amdani hi ta?

Delyth Mi faswn i'n marw tasan ni'n cael 'yn troi allan!

Donna Golwg fel taet ti'n mynd i farw arnat ti, prun bynnag!

Delyth Sori, Donna, dim awydd!

Donna O wel, fedrwn ni ddim sefyllian yn y twll yma neu mi fyddwn ni 'di rhewi'n gorn. Beth am fynd adra i'n tŷ ni ... Mae Dad a Mam allan ... *Night out* sdi ... O sori!

Delyth Well i minna fynd adra, debyg! Does wybod sut drefn fydd ar Mam!

Donna	Ti'n siŵr?	**Dyn**	*(Yn galw.)* Want a lift both of you? Hop in!
Delyth	Nag dw ... ond well i mi fynd!	**Delyth**	*(Yn dechrau cerdded ato.)* Please ... only me ... only to the next village ...
Donna	Ond mae gen ti hydion tan y bws!		
Delyth	Bodio sdi! ... Gyda lwc, falla ca i dipyn o hwyl ...	**Dyn**	Fine, love! Come on ...

Donna Ti'n siŵr?

Delyth Nag dw ... ond well i mi fynd!

Donna Ond mae gen ti hydion tan y bws!

Delyth Bodio sdi! ... Gyda lwc, falla ca i dipyn o hwyl ...

Donna Ti'n siŵr? Mi gerdda i dipyn bach hefo ti.

Delyth I be? Mam arall ia?

Donna Neb yn y tŷ cw, nag oes a meddwl ...

Delyth Diolch, Donna! Ti'n werth y byd!

Golygfa 4: Y ddwy yn cerdded ar hyd y stryd allan o'r dre.

Delyth yn bodio a char yn pasio.

Delyth *(Yn gweiddi ar ei ôl.)* Diolch am ddim byd!

Delyth yn ailfodio a'r car nesaf yn arafu.

Delyth Dyma i ti hen foi iawn!

Dyn *(Yn galw.)* Want a lift both of you? Hop in!

Delyth *(Yn dechrau cerdded ato.)* Please ... only me ... only to the next village ...

Dyn Fine, love! Come on ...

Donna *(Yn gafael yn ei braich ar ôl rhedeg ar ei hôl.)* Paid! Dydw i ddim yn licio'i olwg o!

Dyn Come on ... Nothing to be scared of!

Delyth *(Yn ymryddhau oddi wrth Donna.)* O.K. Thanks! ... (Yn gweiddi dros ei hysgwydd.) Hwyl i ti! Gwela i di fory! ... (ac yn neidio i'r car. Y drws yn clepian a'r car yn symud. Donna'n dechrau rhedeg ar ei ôl ac yna'n stopio gan ddweud yn uchel.)

Donna Hwyl, ia? Gobeithio, myn coblyn i!

Marged Pritchard

GWRTHDARO RHWNG Y CENEDLAETHAU

Dim Byd i Mi

Hei chi, bensiynwraig gapiog,
a'ch camau-llo-bach
ar hyd y pafin woblog,
a gwên fel crac
ar draws llwydni-sment eich
wyneb,
'dydach chi'n ddim byd i mi.
Diawl o ddim, dalltwch chi.
Clywch, mae 'na blanedau o bellter
yn ein dieithrio ni.

Pam hynny, 'ngwas i,
fod euogrwydd bron â'th faglu?
A chlecian dy sodlau
wrth ei phasio heibio
fel jôc ddi-feind plentyn ysgol?
Wrth i sioncrwydd dy gamau frolio:

'Dwi'n ifanc.'

Gerwyn Williams

Cwmni Cydweithredol Cytgord Cyf.,
Gwasg Ffrancon, Bethesda

Stori Kenneth

Alvis Richards

Y cefndir teuluol

Mae Mr a Mrs Pugh a Kenneth, eu hunig blentyn dwy ar bymtheg oed, yn byw ar gyrion pentref glofaol mewn tŷ hardd iawn. Hefyd mae mam Mrs Pugh — Mrs Morgan (73 oed) yn byw gyda'r teulu.

Ers blynyddoedd bellach mae Mr Pugh (44 oed) wedi bod mewn swydd saff gyda'r gwasanaeth sifil a Mrs Pugh (40 oed) yn nyrsio mewn ysbyty cyfagos. Yn ôl a ddeellir mae'r bywyd teuluol wedi dilyn patrwm tebyg iawn ers blynyddoedd — gyda Mr a Mrs Pugh allan yn gweithio bob dydd a Mrs Morgan yn gofalu am y gorchwylion teuluol bron i gyd. Gellir disgrifio'r aelwyd fel un â safonau gwir foethus a cheir y teimlad fod popeth yn rhedeg fel cloc. Fe ofala Mrs Morgan am hynny!

Y broblem yn codi

Mae'n debyg na fu Kenneth erioed yn or-hoff o unrhyw waith. Hyd yn oed yng nghyfnod yr ysgol elfennol byddai'n rhaid 'cocsio' tipyn arno i fynd at ei waith cartre. Byddai Mr Pugh yn gorfod eistedd oriau gyda'r bachgen yn gwmni, a cheisio ei ennyn i wneud rhyw ychydig o waith. Ond, er mawr lawenydd fe lwyddodd i fynd drwodd i'r ysgol ramadeg ac yna mynd 'mlaen — gyda llawer o 'gocsio' — i gael chwe phwnc yn nosbarth pump. Ar ôl hyn teimlai Mr a Mrs Pugh bod yn rhaid iddo ddychwelyd i wneud cwrs lefel 'A' ac ar ôl gosod llawer iawn o bwysau arno fe wnaeth Kenneth yn ôl dymuniad ei rieni. Ond fuodd pethe ddim yn dawel ar yr aelwyd am lawer o amser ar ôl hyn. Dechreuodd Kenneth ganlyn grŵp o fechgyn y pentre, grŵp oedd allan bob nos ar eu motor beics; ac fe fynnodd yntau gael motor beic ar ei ben-blwydd yn ddwy ar bymtheg. Doedd dim dal yn ôl arno nawr a mynnai efelychu aelodau'r grŵp ymhob ffordd — steil eu gwallt, eu gwisg, a'u holl ymagwedd gan ddatblygu i fod yn hollol groes i safonau'r teulu. Ni fyddai diwrnod yn mynd heibio heb fod 'na ryw helynt neu'i gilydd ar yr aelwyd — a byddai Kenneth wastad yn gwneud yn hollol groes i ddymuniad y teulu. Roedd Mr a Mrs Pugh bron â danto, a Mrs Morgan yn gwrthod siarad â'r crwtyn yn llwyr. Digon diflas oedd pethe ar yr aelwyd pan alwodd Sergeant Price yn y tŷ a gofyn am gael gweld Kenneth. Ymhellach ymlaen datgelodd i Mr a Mrs Pugh fyrdwn ei ymweliad — er mawr ofid iddynt. Eglurodd fod Kenneth ac aelodau eraill y grŵp wedi cael eu rhybuddio lawer gwaith yn ystod yr wythnosau cynt am achosi niwsans i hen bobl, a hynny mewn ffordd fwriadol, ar eu motor beics yn y parc lleol. Ni chymerwyd unrhyw sylw o'r rhybuddion yma gan y grŵp ac yn awr roedd yr heddlu wedi derbyn cwyn swyddogol gan deulu un hen ŵr a oedd wedi mynd yn eitha sâl ar ôl i'r bechgyn achosi ofn iddo, a'i boeni'n arw yn y parc.

Byddai'n rhaid i'r heddlu alw gweithiwr cymdeithasol allan i ymweld â'r teulu er mwyn gwneud adroddiad ar y sefyllfa deuluol, cyn i'r bechgyn ymddangos gerbron y llys. Addawodd Sergeant Price y byddai'r swyddog hwnnw'n galw o fewn yr ychydig wythnosau canlynol ac fel yna y bu.

Agwedd Kenneth

Rhywbeth fel hyn ddywedodd Kenneth wrtho. 'O.K. wy'n fodlon cydnabod mod i'n grac, ond cofiwch chi hyn ma lle 'da fi fod. Ceso i ddim gwneud dim ôn i am wneud erioed — wel, ddim oddi ar rwy'n gallu cofio ta beth! Celen i ddim hyd yn oed fynd i'r ysgol gyda'r plant drws nesa. Na, roedd yn rhaid i Dadi fynd â fi 'na ar y ffordd i'r gwaith. O'dd dim gwerth i fi ddweud bod yn WELL gyda fi gal sbri gyda'r plant. Na roedd yn rhaid gofalu mod i'n cadw nhraed yn sych a nwylo'n lân. Ie, felna odd hi o hyd — celen i ddim mynd mas i ware gyda'r sawl on i'n ddewis — roedd yn rhaid i Mami, Dadi a Mamgu i 'feto' nhw gynta — rhag ofn i fi ddysgu arferion drwg, — neu wlychu nhraed, — neu drochi, — neu regi! Celen i ddim mynd i'r un match ffwtbol heb fod Dadi'n dod — rhag ofn! Rhag ofn beth so i'n gwbod! Weles i ddim drwg yn digwydd i'r bois eraill! A 'run man i chi gael gwbod y cwbwl — on i'n teimlo bod nhw'n trïo neud merch mas ohono i! 'Wy'n credu taw merch o nhw'n moyn — wy'n 'cert' bod

hynny'n iawn am Mamgu! Chi'n gweld, dim ond Mami gas hi a fe weithiodd mas yn iawn — yn enwedig am fod Mami wedi dewis gŵr odd yn fodlon bod o dan fawd Mamgu hefyd. Dyna chi fywyd sy ar Dadi — symo fe byth yn cal mynd mas chwaith! Ond, on nhw ddim yn mynd i wneud yr un peth i fi! O na. Fi'n mynd i wneud beth wy eisie o hyn mas — neu'r peth nesa fydda i'n gwbod yw eu bod nhw wedi dewis gwraig i fi — a fe fydda i'n cael yn sgwto lan ale'r capel 'na cyn mod i'n gwbod beth sydd wedi digwydd!'

'Watsiwch chi, fe gân nhw chi i gredu hefyd fod popeth ma nhw wedi wneud er fy lles i — ond dyw hi ddim wedi gweithio mas felna — a ma run man iddyn nhw dderbyn 'na nawr!'

Agwedd Mr a Mrs Pugh

A dyma ddywedodd Mr a Mrs Pugh wrth y gweithiwr cymdeithasol. (Nid oedd Mrs Morgan yn fodlon bod yn bresennol).

'Ryn ni wedi gwneud popeth allen ni iddo fe — odd y ddau ohonon ni'n gwitho ac yn gallu rhoi mwy iddo fe na mae'r mwyafrif o blant yn gal. Wel, odd hi'n ddyletswydd arnon ni roi y gore iddo fe. Olreit, ryn ni'n fodlon cydnabod falle bod 'Mam' wedi bod ychydig bach yn 'fussy' ond meddwl

am y gore iddo fe odd hi hefyd. A dweud y gwir, mae e wedi rhoi hoelen yn ei harch hi oddi ar iddo fe ddechre mynd mas gyda'r hen fechgyn 'na. Fydde fe wedi cal digon o ryddid nes ymlaen se fe wedi gweithio a chael mynd bant i Brifysgol. 'Dyw e damaid gwell o'n beio ni am y peth. Ryn ni wedi trïo dangos siampl dda iddo fe erioed, ac yn enwedig wedi dysgu iddo fe y dyle hen bobl gael eu trafod gyda pharch. Fydden ni byth wedi hoffi bod rhywun yn poeni Mam felna — a mae e'n gwbod hynny hefyd. Ond 'na fe, sgyda ni ddim dylanwad arno fe erbyn hyn, a ma arnon ni ofn yn ein calonne y bydd e'n bradu y pethe neis 'ma i gyd — y pethe 'yn ni wedi eu casglu ar hyd y blynydde! A dweud y gwir wrthoch chi, ryn ni'n methu'n deg â deall beth sydd wedi mynd mewn iddo fe. Roedd e'n shwd blentyn ffein, mae fel se rhywbeth wedi cal gafael ynddo fe, a dyw e'n gwrando dim yw dim arnon ni. Fydde popeth wedi bod yn iawn se fe ddim wedi mynd i grafangau'r hen fechgyn gwyllt 'na...'

A dyma rai o'r sylwadau a gofnodwyd gan y gweithiwr cymdeithasol ar ôl dod i adnabod y teulu'n well.

Barn y cynghorwr

Enghraifft dda o blentyn wedi'i ddifetha gan ormod o bethau materol, nes ei fod e' wedi syrffedu a cholli parch at bopeth. Y rhieni'n amlwg wedi'u cyflyru i feddwl bod cael pethe materol yn fwy pwysig i'r plentyn na gofalu am yr amodau fyddai'n angenrheidiol er mwyn iddo ddatblygu personoliaeth gyflawn. Tybed a oeddent wedi dymuno'n dawel fach am gael merch - ar lefel yr isymwybod efallai? Gallai hynny fod wedi effeithio ar y berthynas rhyngddynt â'r bachgen - nhw'n teimlo'n euog am fod wedi cael meddyliau felly, ac yn rhoi mwy a mwy o bethe materol iddo er mwyn ceisio gwaredu'r teimladau o euogrwydd.

Nid oedd cryfder personoliaeth Mamgu wedi bod o fantais i ddatblygiad y plentyn! Hyd yn oed pe buasai wedi gallu cael mwy o ryddid gan ei rieni byddai'n fwy anodd trechu Mamgu - heb gael gwrthryfel eithafol. Ac wrth gwrs, rhaid cofio'r ffaith bod Mamgu wedi bod yn ddylanwad cryf arno o'r dyddiau cynnar am mai hi o'dd yn gofalu amdano drwy gydol yr amser pan oedd ei rieni wrth eu gwaith. Gallaf gredu bod Mamgu, a'r rhieni hefyd, wedi cadw'r bachgen rhag cyfathrebu'n naturiol â phlant eraill, ac am gyfnod go helaeth roedd diffyg enbyd yn ei brofiadau cymdeithasol.

Arweiniodd hyn at y broblem yn yr ysgol lle byddai'r plant eraill yn ei alw'n "snob". Mae'n amlwg fod y gwahaniaeth rhwng gofynion y teulu

a gofynion y gymdeithas arno - yn enwedig gofynion ei gyfoedwyr -
wedi peri tyndra mawr yn y bachgen ac wedi effeithio ar ei hunaniaeth
yn y pen draw. Am amser go hir fe geisiodd blesio gofynion y cartre
arno, ond o'r diwedd - ac yntau yng nghanol cyfnod adolesens - fe aeth
galwad y cyfoedwyr yn drech na galwad y cartre, peth eitha naturiol yn
y cyfnod yma. Ac oni bai fod y gwahaniaeth rhwng y ddwy safon mor
eithafol bydde'r broses o dyfu i fyny wedi bod yn rhwyddach arno!
Dyna biti iddo fe gael ei orfodi i fynd nôl i'r ysgol o dan y fath bwyse
ar ôl ei lefel 'O'. Byddai'n well iddo fod wedi cael cyfnod o arbrofi
i wahanol gyfeiriadau - cael o leia blwyddyn bant o'r byd academaidd.
Rhaid i'r cymhelliad i gael addysg bellach ddod o fewn y plentyn yn
hytrach na'i rieni. Credaf y byddai Kenneth wedi bodloni dychwelyd i'r
ysgol - neu wedi chwilio am ryw gwrs academaidd arall o ran ei hunan
nes ymlaen. Ond yn awr mae wedi creu casineb yn erbyn y syniad ac
mae'n amheus gennyf a fydd yn barod i gydio mewn cwrs academaidd am
rai blynyddoedd.

Mae'r rhieni yn dechrau deall y bydd yn well iddo gael 'flat' yn y dre
am ychydig o amser - a chael cyfle i weithio pethe mas ar ran ei hunan.
Ni fydd hyn yn golygu torri perthynas â'r teulu'n gyfan gwbl wrth gwrs
ond yn rhoi cyfle iddo fe i godi hunan-hyder wrth aros ar ei draed. Mae
cael "parch" y cyfoedion yn holl bwysig iddo - byddai cael byw o gartre
yn gyfle iddo ddangos ei fod e'n ddyn go iawn!

Mae'r holl fusnes yma wedi amharu ar y berthynas rhyngddo â Mrs Morgan,
a mae hyn yn amlwg yn achosi pryder iddo. Trueni bod yr hen wraig mor
stiff - fe fydd yn golygu tipyn iddi hi wneud y newid angenrheidiol cyn
bydd modd gwella'r berthynas rhyngddynt. Ond gobeithio y bydd hyn yn
bosib...Bydd yn rhaid i mi weithio mwy yn y cyfeiriad 'na yn y dyfodol.
Nid yw Mrs Morgan yn fodlon siarad â fi ar y foment. Rhaid rhoi'r
flaenoriaeth i'r dasg o ddod â Kenneth a'i rieni i ddeall yn well beth
sydd wedi achosi'r fath chwalfa yn eu perthynas. Yna bydd yn rhaid
gweithio allan "contract" derbyniol o'r ddwy ochr.

Gwelaf hwy eto yr wythnos nesa'...

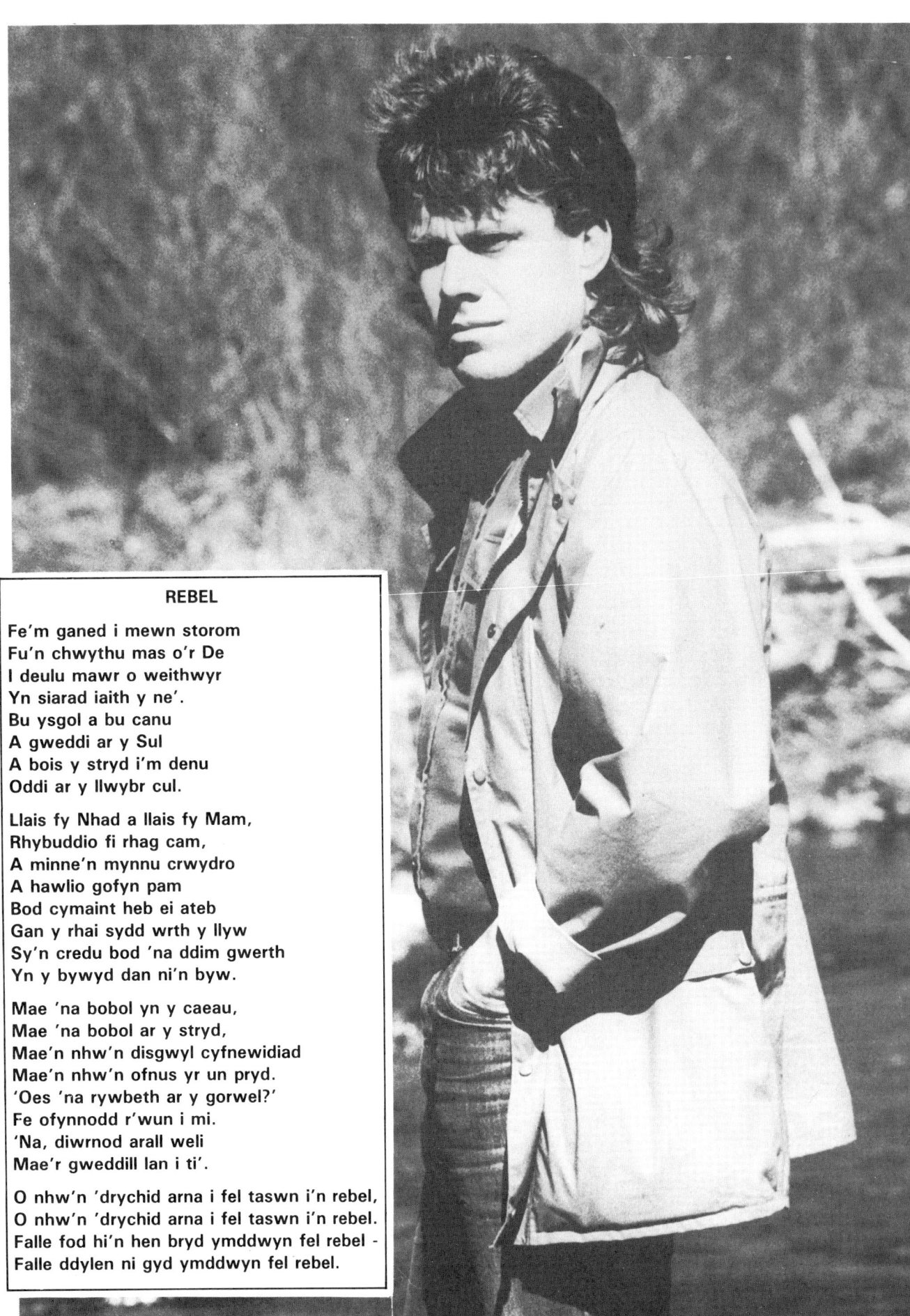

REBEL

Fe'm ganed i mewn storom
Fu'n chwythu mas o'r De
I deulu mawr o weithwyr
Yn siarad iaith y ne'.
Bu ysgol a bu canu
A gweddi ar y Sul
A bois y stryd i'm denu
Oddi ar y llwybr cul.

Llais fy Nhad a llais fy Mam,
Rhybuddio fi rhag cam,
A minne'n mynnu crwydro
A hawlio gofyn pam
Bod cymaint heb ei ateb
Gan y rhai sydd wrth y llyw
Sy'n credu bod 'na ddim gwerth
Yn y bywyd dan ni'n byw.

Mae 'na bobol yn y caeau,
Mae 'na bobol ar y stryd,
Mae'n nhw'n disgwyl cyfnewidiad
Mae'n nhw'n ofnus yr un pryd.
'Oes 'na rywbeth ar y gorwel?'
Fe ofynnodd r'wun i mi.
'Na, diwrnod arall weli
Mae'r gweddill lan i ti'.

O nhw'n 'drychid arna i fel taswn i'n rebel,
O nhw'n 'drychid arna i fel taswn i'n rebel.
Falle fod hi'n hen bryd ymddwyn fel rebel -
Falle ddylen ni gyd ymddwyn fel rebel.

Geraint Griffiths, *Rebel*. ⓅCyhoeddiadau Sain. Recordiwyd gan Gwmni Sain (Recordiau) Cyf.

ARHOLIAD YSGRIFENEDIG FFURFIOL   (5.2.)   Cwestiwn 2

REBEL

2.2.1	1.	Un o'r gogledd neu un o'r De yw Geraint Griffiths?	[1]
2.2.1	2.	Oedd y teulu'n un mawr?	[1]
2.2.2	3.	Pa iaith oedd teulu Geraint Griffiths yn ei siarad?	[1]
2.2.3	4.	Ble roedd y teulu'n mynd ar y Sul?	[3]
2.2.3	5.	Oes rhywbeth yn y pennill cyntaf yn dangos nad oedd Geraint Griffiths yn hapus yn mynd i'r capel ar y Sul?	[2]

Cyfanswm — 8 — wedi'i haneru   [4]

2.2.6   6.   Mae gwrthdaro yn yr ail bennill rhwng rhieni Geraint Griffiths a Geraint ei hun.

Ysgrifennwch o leiaf dudalen o sgwrs rhwng rhieni sy'n annog eu plentyn
   i ymarfer y piano
   i fynd i'r capel
   i wisgo mewn ffordd arbennig
   i ddarllen
   i weithio'n galed yn yr ysgol
   i wneud gwaith cartref
a phlentyn sy'n gwrthwynebu, i raddau o leiaf.   [8]

Defnyddiwch y syniadau uchod fel y dymunwch gan ychwanegu atyn nhw neu adael rhai allan yn ôl fel mae'r sgwrs yn tyfu. Cofiwch am y gwrthdaro.

2.2.2   7.   Ysgrifennwch frawddegau sy'n dangos yn glir ystyr unrhyw ddau o'r canlynol (dwy frawddeg i gyd):— llyw, ofnus, rhybuddio, gwerth.   [4]

2.2.5   8.   Beth yw eich barn ar gerddoriaeth y gân yma? Ydi e'n gweddu i'r geiriau? Dywedwch sut a pham.   [4]

2.2.7   9.   Mae'r trydydd pennill yn dangos bod pobl yn ofnus ac yn ansicr ynglŷn â'r dyfodol.   [10]

Ysgrifennwch eich ymateb chi i'r dyfodol gan ystyried, os dymunwch, rai o'r canlynol:
Bywyd ar ôl rhyfel niwclear?
Olew'r byd yn sychu. Beth wedyn?
Hawl gan bawb i waith.
Dylid magu plant mewn hostel gyda'i gilydd ac nid mewn teulu.
Un iaith i'r byd i gyd.

2.2.7 10.   Ymatebwch mewn unrhyw ffordd a ddymunwch i **UN** o'r canlynol: [10]
Mae gwerth yn y bywyd Cymraeg.
Cymraeg, iaith y nef?
Falle dylen ni i gyd ymddwyn fel rebel?
Rhaid ateb cwestiynau plant.
Sut y gall pobl ifanc roi trefn ar y byd ar ôl i'r hen bobl greu'r fath anhrefn?

40 marc

GWRTHDARO O FEWN CYMDEITHAS

Tair agwedd wahanol wedi ymweld â Gorsaf yr Heddlu
Cyfweliad â throseddwr ifanc

'Pa fath o drosedd gyflawnest ti?'

'Malu ffenest.'

'Ffenest pa adeilad?'

'Ffenest cysgodfan — lle mae pobl yn eistedd.'

'Sut wnaeth yr heddlu ddarganfod mai ti wnaeth e?'

'Roedd 'na dyst yno.'

'Oeddet ti'n ei adnabod?'

'Nac oeddwn.'

'Oedd rhywun gyda ti?'

'Oedd. Pedwar ffrind.'

'Beth wnaeth y tyst wedyn?'

'Fe aeth e at ddau blismon, a dweud wrthyn nhw. Yna, daeth y ddau blismon ata i a gofyn i mi ddod i lawr i swyddfa'r Heddlu. Fe wrthodais i, felly fe ofynnodd un ohonyn nhw beth oedd fy oedran. Ar ôl i fi ddweud mai pedair ar ddeg oeddwn i fe ddywedon nhw wrtho i am ddod lawr i Swyddfa'r Heddlu y diwrnod wedyn gyda fy rhieni.'

'Beth ddywedodd dy rieni?'

'Fe ges i sioc achos ffrwydrodd fy nhad ddim ynglŷn â'r peth.'

'A beth am dy fam?'

'Roedd hi yn yr ysbyty.'

'Beth ddigwyddodd i ti yn Swyddfa'r Heddlu?'

'Fe ddechreuon nhw ofyn cwestiynau.'

'Pa fath o gwestiynau?'

'Rhai fel ''A dorraist ti'r ffenest yn fwriadol?'' ac mi ddwedais i ''Na, fe wthiais y ffenest yn ddamweiniol, gyda'm llaw.'' Ond nid dyna beth wnes i.'

'Beth wnest ti, 'te?'

'Ei chicio hi.'

'Beth ddywedon nhw wedyn?'

'Fe ofynnon nhw am olion fy mysedd a'm llun ac yna gorfod i mi arwyddo datganiad. A dyna fe, gorfod i mi dalu am y ffenest a dyna'r cwbl.'

'Faint gostiodd y ffenest?'

'Ugain punt.'

'Pa fath o driniaeth gefaist ti gan yr heddlu?'

'O, roedden nhw'n grêt. Fe ofynnon nhw i fi a oeddwn i eisie cwpaned o goffi.'

'Oes ffeil arnat ti gan yr heddlu?'

'Na, maen nhw wedi'i dinistrio hi nawr oherwydd fuodd dim rhaid i fi fynd i'r llys.'

'Beth os byddi di'n torri ffenest arall?'

'Fe fydda i'n gorfod mynd i'r llys.'

'Wyt ti'n ddigon call i beidio torri'r gyfraith eto?'

'Ydw. Rwy'n credu na fyddwn i byth yn gwneud dim byd fel 'na eto. Dw i ddim yn gweld 'yn hunan yn ei wneud e eto — dim yn fwriadol.'

'Fyddet ti'n fandaleiddio eto?'

'Na. Rwy'n credu pan ydych chi'n cael eich dal gan blismon rydych chi'n sylweddoli pa mor galed yw'r gyfraith.'

'Ond ydi hynny'n mynd i dy rwystro di rhag torri'r gyfraith eto mewn unrhyw ffordd?'

'Na. Rwy'n dal i dorri'r gyfraith.'

'Ym mha ffordd?'

Yfed o dan oedran a phethau fel'na. Ond dw i ddim yn credu y bydda i'n difrodi eiddo eto.'

'Pam wyt ti'n yfed alcohol?'

'Mae e'n beth ffasiynol i'w wneud a beth bynnag, mae'n hwyl.'

'Pa mor aml wyt ti'n yfed?'

'Tua unwaith yr wythnos.'

'Faint wyt ti'n yfed?'

'Tua dau beint o gwrw yr wythnos. Mae'n dibynnu os ydw i allan am sesh.'

'Pa mor aml wyt ti'n mynd am sesh?'

'Tua unwaith bob chwe wythnos.'

'Faint o bobl sy'n yfed gyda ti?'

'Tua pedwar'.

'Pedwar o fechgyn?'

'Ie — mae rhai ohonyn nhw wedi gadael yr ysgol.'

'Fyddet ti'n barod i feddwi o flaen dy rieni?'

'Na fyddwn.'

'Na dy chwaer?'

'Na fyddwn.'

'Fyddet ti'n fodlon meddwi gyda merch?'

'Na fyddwn. Mae'n beth anghwrtais i'w wneud.'

'Onid yw e'n beth anghwrtais i feddwi beth bynnag?'

'Nac ydy, pan nad oes neb efo chi.'

'Fe ddywedest ti na fyddet am dorri'r gyfraith eto. Ond rwyt ti'n dal i brynu diodydd meddwol o dan oedran. Wyt ti'n ofni cael dy ddal?'

'Mae 'na berygl i mi gael fy nal ond mae 'na berygl ym mhopeth.'

'Wyt ti'n ymwybodol o'r peryglon sy'n gysylltiedig ag ysmygu?'

'Ydw.'

'Wyt ti wedi sylwi ar unrhyw effaith mae'r ysmygu wedi'i gael arnat ti?'

'Ydw. Llynedd roeddwn ni'n dda mewn athletau, ond nawr, rwy'n cael trafferth rhedeg yn bell.'

'Wyt ti'n meddwl y byddi di'n callio yn ystod y tair blynedd nesaf?'

'Dw i ddim yn credu fod 'na le i mi gallio. Dim ond mater o sylweddoli beth sy'n digwydd i mi yw e.'

Ymson Plisman

'Y, cwnstabl'

'Ie?'

'Dw i newydd weld rhywun yn malu ffenest.'

'Ymhle?'

'Yn y gysgodfan, draw fanna wrth y Pier.'

'Iawn, syr. Diolch am ddweud. Fe wna i ddelio â'r mater nawr. Diolch yn fawr.'

Fandal arall! Does dim byd gwell 'da rhai pobl i'w wneud na malu pethau. Beth fydd yn bod ar hwn nawr? Wedi cael gormod i'w yfed, mwy na thebyg. Well i fi wylio rhag ofn iddo fe drio'i baglu hi o 'na.

'Fyddech chi mor garedig â dod i lawr i Swyddfa'r Heddlu?'

'Y? Na wnaf!'

'Beth yw eich oed?'

'Pedair ar ddeg.'

'Iawn. Dewch lawr i Swyddfa'r Heddlu gyda'ch rhieni erbyn dau o'r gloch brynhawn yfory.'

Mae hyd yn oed y plant wrthi nawr. Mae problem gyda ni yn rhywle. Yn sicr, nid y dôl yw ei broblem e. Maen nhw'n hoffi defnyddio hwnnw fel esgus am eu problemau ac nid yfed oedd gwraidd y broblem fanna ychwaith. Mae rhywbeth yn bod yn rhywle. Ac roedd e mor barod â'i ateb. Yr oedran 'na, fe fyddwn i'n crynu yn fy sgidiau pe byddai plisman yn dod ata i. Ac roedd y pedwar arall na'n cymryd y cwbl fel jôc fawr. Ond dyna fe, ddaw dim byd allan o'r digwyddiad yna. Dim ond rhybudd bach gaiff e. Cyn bo hir fe fydd e'n ôl yn gwneud yr un peth.

'Unrhyw beth mawr wedi digwydd heno, Evans?'

'Nac oes sarjant. Dim ond bachgen pedair ar ddeg oed wedi torri ffenest yn y gysgodfan wrth y Pier.'

'Ble mae e nawr?'

'O, fe adawais iddo fe fynd. Dwedes i wrtho fe am ddod lawr ma fory am ddau gyda'i rieni.'

'Reit. Sgwn i beth fydd yr esgus fory?'

Ie, fory, y cyfan yn y dyfodol. Tybed sut rai fydd pobl ifanc y dyfodol? Mae rhai heddiw'n ddigon trafferthus.

Cywaith gan Prys Davies, Huw Smith, Elenid Davies a Meinir Evans, Ysgol Penweddig, Aberystwyth.

Erthygl Papur Newydd

Pobl ifanc — troseddwyr y dyfodol neu droseddwyr y presennol?

Caiff llawer o droseddau difrifol heddiw eu cyflawni gan bobl ifanc. Peth brawychus yw'r ffaith fod llawer o'r bobl ifanc yma'n blant o oedran ysgol. Beth, felly, yw'r rheswm? Ceisiais ddarganfod yr ateb i'r cwestiwn hwn wrth siarad ag Arolygwr gyda Heddlu Dyfed-Powys.

Un rheswm posibl dros y cynnydd mewn troseddau ymhlith plant yw'r newid mewn agwedd tuag at awdurdod. Gwelir newid mewn agwedd tuag at awdurdod yn y cartref, yn yr ysgol ac yn wir, tuag at awdurdod yn gyffredinol. Un drosedd gyffredin iawn ymhlith plant oedran ysgol yw yfed o dan oedran. Gellir cyfiawnhau hyn i ryw raddau drwy ddweud fod y dafarn yn ganolfan gymdeithasol ac yn y blaen. Serch hynny, gellir cysylltu'r broblem hon â'r ffaith fod pobl ifanc heddiw yn llawer mwy parod i herio'r gyfraith.

Enghraifft arall i gadarnhau fod ein pobl ifanc yn barod i herio awdurdod yr heddlu yw'r holl achosion o fandaliaeth. Fe ddywedodd Arolygwr gyda Heddlu Dyfed-Powys fod problem fandaliaeth yn Aberystwyth bron cynddrwg â'r broblem yn y trefi mawrion. Dywedodd hefyd fod canran uchel o'r rhai sy'n cael eu dal yn fandaleiddio yn blant oedran ysgol. Yn aml caiff diweithdra ei gynnig fel rheswm dros y cynnydd mewn fandaliaeth. Serch hynny, nid oes sail i'r ddadl hon yn Aberystwyth. Fe ddywedodd yr Arolygwr,

'Rydyn ni'n lwcus yn Aberystwyth oherwydd dydyn ni ddim wedi dibynnu llawer ar ddiwydiant, felly dw i ddim yn credu fod diweithdra yn ffactor wrth ystyried y cynnydd mewn fandaliaeth.'

Un ddadl dderbyniol yw'r ffaith nad oes digon o lefydd i'r bobl ifanc fynd iddynt yn y nos a theimla'r Arolygwr y gellir cynyddu nifer y llefydd lle gall bobl ifanc fynd, heb orfod gwario gormod. Hefyd, gellir cysylltu problem sylweddol alcoholiaeth yn ardal Aberystwyth â phroblem fandaliaeth. Ond nid hynny yw'r unig ateb. Mae sefyllfa ein pobl ifanc ni heddiw yn peri gofid i'r awdurdodau ac fe fydd hi'n ddiddorol gweld beth, os rhywbeth, gaiff ei wneud ynglŷn â'r sefyllfa.

Huw Smith
Ysgol Penweddig, Aberystwyth

GÔL

'Gôl,' gwaeddodd y dorf enfawr nes bod y cae chwarae'n crynu.

'Damia chi!' gwaeddodd Wil Tudno a'i ffrindiau wrth iddynt weld eu harwr pennaf, Nic Hughes, yn cuddio'i wyneb yn ei ddwylo ar ôl iddo golli'r bêl ac i un o'i wrthwynebwyr gymryd mantais o hynny a sgorio.

Roedd cefnogwyr y tîm arall yn mynd yn wallgof wrth ymyl Wil a'r awyr uwch eu pennau yn un sploets o wyn a glas.

'Un–dim, un–dim, un–dim', dechreuodd rhai ohonynt lafarganu gan amneidio tuag at Wil Tudno.

Nid oedd hynny'n plesio Wil o gwbl. Gwylltiodd yn gandryll ac roedd y rhimyn gwallt pinc a safai fel cefn draenog ar ei ben yn crynu. Tynnodd yn y fodrwy wrth ei glust, arwydd ei fod yn ddyn peryglus i'w wynebu bellach.

'Ar eu holau nhw, hogia!' gwaeddodd yn sydyn gan afael yng ngwallt bachgen digon diniwed a safai wrth ei ymyl.

'Hei paid ...', dechreuodd hwnnw ag ofn lond ei lygaid.

Trawodd Wil Tudno ef dan gliced ei ên â'i holl egni ac yna cododd ei ben-glin i'w stumog nes ei fod yn gorweddian mewn poen ar y llawr.

'Doedd dim raid i ti wneud hynna, y bwbach,' meddai ffrind y bachgen a oedd yn llawer mwy nag o.

Ond doedd ar Wil Tudno ofn neb ynghanol ei ffrindiau.

'Oeddat ti'n dweud rhywbeth?' gofynnodd, â bygwth yn ei lais.

Chwarddodd y llall a tharo Wil yn ysgafn ar ei ysgwydd.

'Paid â bod yn hurt, fachgen,' meddai â gwên. 'Dim ond gêm ydi hi. Efallai y bydd dy dîm di yn ...'

'Paid ti â sychu dy ddwylo ynddo i, llanc,' gwaeddodd Wil gan dynnu potel gwrw wag o'i boced. Trawodd y llall yn ei dalcen â hi nes bod y gwaed yn llifo.

Aeth y dorf yn wyllt wrth i Wil a'i ffrindiau ddechrau cicio a tharo.

'Polîs! Polîs!' gwaeddodd rhywun.

'Lwc owt, hogia, y baw!' gwaeddodd Wil wrth eu gweld yn dringo tuag atynt drwy'r dyrfa.

Un gic arall ac i ffwrdd â hwy. Edrychodd Wil o'i ôl, a gwenu. Roedd digon o helynt wedi cychwyn ymysg cefnogwyr y tîm arall i gadw'r Glas yn brysur. Teimlai'n saff yn awr yng nghanol ei gefnogwyr ei hunan. Roedd Nic Hughes yn rhedeg am y gôl unwaith eto.

'Nic, Nic, Nic!' dechreuodd Wil Tudno a'i giwed floeddio.

Yna daeth ochenaid o enau'r dorf wrth i un o'r gwrthwynebwyr fynd â'r bêl oddi arno a'i chicio'n rhydd.

'Petawn i'n cael gafael arno fo,' meddai Wil rhwng ei ddannedd, a'i lygaid yn melltenu. 'Cicia fo Nic! Cic i'r babi!'

Yna ymlafniodd drwy'r dyrfa i gyfeiriad gôl y tîm arall, ei ddilynwyr fel ŵyn bach yn ei ddilyn. Wedi cyrraedd cefn y rhwyd ceisiodd Wil dynnu sylw'r gôlgeidwad. Taflodd ddarn deg ceiniog tuag ato. Methodd. Rhegodd. Taflodd un arall.

'Joban ddrud, Wil,' chwarddodd un o'i ffrindiau.

Chwarddodd Wil Tudno hefyd.

'Fe ddangosa i be ydi be iddyn nhw,' meddai gan dynnu'r botel o'i boced eto.

Curodd hi yn erbyn y llawr concrid. Torrodd y botel, a gwenodd Wil ar y darn miniog oedd yn ei law. Taflodd yr hanner potel i gyfeiriad y gôlgeidwad. Methodd â'i daro eto.

Methodd â gweld ei arwr, Nic Hughes, yn rhuthro tua'r gôl hefyd. Baglodd ar draws y darn potel a daeth ebychiad uchel o'r dorf.

'Arnyn nhw roedd y bai!' gwaeddodd Wil Tudno yn groch wth i Nic Hughes gael ei gario oddi ar y cae yn waed i gyd. 'Arnyn nhw roedd y bai.'

J.Selwyn Lloyd

HAGRWCH HARDD

'Ond yn gyntaf, neidiodd y 'Rolling Stones' I mewn i mywyd i. Roedd Jagger yn fy rhyfeddu. Mwya sydyn, roedd fy mlerwch i yn rhywbeth i'w ddynwared, yn hytrach na bod yn gyff gwawd. Roedd swn a golwg y 'Rolling Stones' yn rhoi'r argraff eu bod yn codi dau fys ar y byd. Nhw oedd fy hogiau i.
'Maen nhw mor hyll,' meddai nhad. Ron i'n hoffi eu hagrwch hardd. 'Fedran nhw ddim canu. O leiaf roedd gan y Beatles leisiau.' Gwirionwn innau ar y ffordd y taenai Jagger eiriau fel menyn meddal ar fy mennydd. 'Maen nhw mor uffernol o flêr. Welaist ti ffasiwn olwg ar neb? O leia, roedd y Beatles yn lân. TWLL DY DÏN DI. 'Am blydi sŵn'.

Y sŵn annaearol yna oedd y peth cynta on i wedi ei glywed oedd yn swnio fel tasa rhywun yn gwybod sut deimlad oedd o go iawn. Roedden nhw'n annealladwy i rieni, doedd yna ddim pwynt cyswllt rhyngddyn nhw, ond roedd nhad i'n gwneud y camgymeriad o geisio gwerthfawrogi'r miwsig. Gwerthfawrogi! Holl bwynt y peth oedd na fasai fo byth yn gallu. Ddylai rhieni byth drïo deall. Ron i eisiau rhywbeth i mi fy hun. Rhywbeth oedd yn perthyn gymaint i mi, yn annealladwy i bobl hŷn, fel na fasen nhw byth yn gallu ei gymryd oddi arna i, achos wydden nhw ddim beth oedd o. Yr unig beth wydden nhw oedd ei fod yn mynd ar eu nerfau, ond doedden nhw ddim yn siŵr iawn pam. Pam on i'n gwrando arno, roedden nhw'n fy ngholli i. Fel deudodd Elvis, 'Beth am golli'n hunain go iawn, hogia?', a dyna wnaethon ni.'

Bob Geldof — 'Is That It?', tud 56—57

Mici yn meddwl

Pip gafodd ei hanfon adre yn y diwedd. Roedden ni wedi gwneud bet neithiwr pwy fydde'n cael ei anfon adre o'r ysgol gynta. O cê, dw i'n cyfaddef, ges i'r druth ddyddiol nad on i wedi cyffwrdd mewn crib, a bod golwg fel pe bawn i wedi cysgu mewn tas wair noson cynt, ond ches i mo ngyrru adre. Mi gafodd Pip. A hitha'n dlws ryfeddol.

Pip ydi nghariad i. Mae ganddi wallt *peroxide* wedi ei lunio'n bigau mawr allan o'i phen. Mae ei llygaid hi fel enfys, yn binc a glas a melyn, a mae ganddi glustdlysau enfawr yn siglo'n ôl a mlaen yn bryfoclyd. Dw i'n siŵr ei bod hi 'di treulio mwy o amser o flaen y drych yn paratoi ei hun na mae Pync wedi ei wneud mewn wythnos. 'Pync' 'dyn ni'n galw'r Prifathro, am ei fod o'r peth lleia tebyg i bync welsoch chi yn eich bywyd. Mae o mor strêt, mor llwm a mor ddiflas. Wn i ddim sut y gall neb fynd trwy fywyd yn edrych mor ddiflas. Mae o'n llwyd i gyd — mae o'n fy rhyfeddu i. Mae ei wallt o'n llwyd, ei wyneb yn llwyd, ei ddillad yn llwyd a brown, ei sgidiau o'n frown. Mae'n warth ei fod o'n mynd o gwmpas y lle â golwg felly arno fo. Pip sy'n iawn — mwy o liw sydd ei eisiau yn y byd 'ma, troi'r byd yn enfys. Pam na allan nhw weld fod yna brydferthwch mewn lliwiau?

Pe bawn i'n athro, dyna fyddwn i'n ei ddysgu i blant — dysgu lliwiau'r enfys. Coch am waed a glas am awyr, melyn am haul ac oren am dân, gwyrdd am y gwair, a piws am pync, ac indigo am y rhywbeth yna rydyn ni i gyd yn chwilio amdano. Beth fwy mae unrhyw un eisiau ei wybod?

Pip yn meddwl

Mici enillodd felly. Dywedodd o wrtha i mai fi fyddai'n cael fy anfon adref. Sut mae pobl yn gallu bod mor gas?

Aeth Pync yn wallgof. Dywedodd o nad oedd o erioed wedi gweld y fath olwg ar neb, a mod i'n edrych fel un o ferched y stryd yn Soho. Wedyn, dywedodd o wrtha i am fynd o'i olwg o a pheidio â dod yn ôl i'r ysgol nes mod i wedi molchi.

Popeth yn iawn. A i ddim yn ôl i'w hen ysgol o. Pa hawl sydd ganddo fo osod y ddeddf i lawr? Be sy'n bod ar wisgo lliwiau? Pam na fedar o weld harddwch, pam na dynnith o'r cadach sy'n dallu ei lygaid? Mae harddwch yn beth gwahanol i bawb.

Ti'n ei weld o pan mae'r byd yn cael ei eni, medda Mici. Pe baet ti'n codi efo'r wawr, a gweld y byd wrth iddo fo ddeffro — dyna be ydi harddwch. Ond ron i'n cofio'r adeg dringais i i ben yr Wyddfa i weld yr haul yn codi, a doedd y wawr ddim byd mwy na niwl llwyd. Rhaid dianc oddi wrth lwyd.

Be ydi'r peth tlysaf yn y byd, gofynnais wrth Mam, a dywedodd, 'Rhosyn'. Dw inna wrth fy modd ym mwytho petalau rhosyn, a'u harogli, ond gwywo mae'r rheini.

Breuddwyd Mici ydi nofio, ac mi lwyddais i'w ddysgu i arnofio ar ei gefn. Diwrnod braf, braf oedd hwnnw pan oedd Mici yn gorwedd ar ei gefn, a'r môr yn ei lapio mewn ton werddlas, ond dydi'r môr ddim yn gyson. Aethom yn ôl yno'r diwrnod wedyn, ac roedd o wedi troi'n llwyd wrth adlewyrchu'r cymylau. Felly bu rhaid inni ddianc o'r fan honno hefyd.

Cerdded mynyddoedd oedd rhywbeth oedd yn rhaid i ni ei wneud ers talwm, i godi arian at yr achos da a'r achos da arall. (Pe bai pethau'n cael eu rhedeg yn iawn yn y wlad yma, fyddai dim rhaid codi arian dragwyddol.) Beth bynnag, ron i'n deud yn aml y baswn i'n dal ati i gerdded mynyddoedd ond wnes i ddim. Na, does yna ddim harddwch tebyg i orffwys ar ben mynydd a gwynt yn mwytho'ch wyneb chi, ond yn gyntaf, mae'n rhaid i chi ei ddringo.

Dywedodd yr athro yn yr ysgol wrthon ni mai machlud oedd y peth tlysaf i fardd. O cê — rydw i wedi gweld ambell fachlud sy'n peri i chi ddal eich gwynt, ond mae o ar ben mor sydyn; cyn i chi sylwi, mae'r oren wedi suddo.

Mae 'na lot o bethau tlws ofnadwy yn y byd, ond beth ydi harddwch? Mi ddywedwn i mai Mici ydi harddwch. Llais tyner Mici yn dweud ei fod o'n fy ngharu i am byth; cyffyrddiad annwyl Mici yn fy mwytho, a llygaid dwfn Mici yn fy moddi i mewn cariad.

Pan mae Mici a minnau yn edrych ar y byd drwy lygaid ein gilydd, mae pob dim dan haul yn hardd.

Angharad Tomos

53

Dydd Iau, 9ed Mawrth

Dydw i ddim eisiau mynd i'r ysgol fory. Dydw i ddim wedi gwneud y gwaith cartre Maths, ac mae arna i ofn wynebu'r athro. Bydd yn edrych yn hir arnaf ac yn gofyn lle mae fy llyfr ac yna'n disgwyl nes i mi ddweud fy mod i wedi ei anghofio. Yna mi fydd yn syllu'n hir, hir arnaf a gofyn. 'Ydych chi'n disgwyl i mi gredu hynna?' nes y bydda i eisiau i'r llawr fy llyncu.

Byddaf yn licio gweld fy ffrindiau yn yr ysgol er hynny. Margaret yw'n ffrind gorau i. Ond mae criw dosbarth pump i gyd yn ffrindiau gyda'i gilydd ac mae'r athrawon am eu gorau yn cwyno nad ydyn ni'n gweithio digon at yr arholiadau. Twmffat ydi'r gwaethaf. 'Fform Ffaif, os na fyddwch chi'n troi ati yn go fuan, mi fyddwch yn ymuno efo gweddill cyn-ddisgyblion yr ysgol 'ma yn y ciw dôl.' Fyddai dim ots gen i fod ar y dôl — mi fyddai'n well na'r ysgol. Mae fan hyn yn union fel carchar, pawb wedi gwisgo run fath, fel robots nefi blw. Cerydd os yw'ch sgert chi'n rhy gwta, eich gwallt chi'n rhy hir, eich sodlau chi'n rhy uchel, a'ch tei heb ei gau yn iawn. Cerydd am loetran yn y coridors, cerydd am wneud gormod o sŵn y tu allan. Peidiwch â gwisgo *ear rings* yn yr ysgol, peidiwch â chnoi yn y dosbarth, peidiwch â rhedeg o gwmpas y lle 'ma fel anifeiliaid gwyllt ...

Dydd Gwener, 24ain Mawrth

Cafodd Lisabeth Ann ei hanfon allan o asembli heddiw am disian. Nid arni hi 'roedd y bai — fel 'na mae hi'n tisian. Rydyn yn lwcus ein bod ni'n cael anadlu yn y lle 'na. Ew, cawson ni hwyl yn y *lesson* French ddoe. Rhoddodd Richard John gyrtans dros ei ben a mynd o gwmpas y dosbarth yn rhuo, '*Je suis le fantôme de la maison, je suis mort en onze cent onze*'. Alla i ddim meddwl am frawddeg wirionach i ddysgu'r amser perffaith i blant. Buon ni'n holi Nionyn drwy'r wers wedyn. Dim ond dechra holi Nionyn sydd isio a gwnaiff hi siarad am oes ac anghofio'r wers. Yn y pnawn roedd ganddon ni *double* PT ac am ei bod hi'n braf cawson ni fynd allan i chwarae hoci. Am ein bod ni yn y pumed, mae'r ddynas PT yn ein gadael ar ein pennau ein hunain, ac ar ôl iddi fynd, byddwn ni'n eistedd wrth y *Lab. Biol.* a gwylio'r rhai mwy brwdfrydig na ni yn chwarae. Trafod ein *love-life* oedd Margaret a fi. Dyw pethau ddim yn rhwydd. Mae Margaret yn licio rhyw hogyn o Bentre Ucha, ond dydi o ddim yn ei licio hi. Gwynfor ydi nghariad i. Fe adawodd o'r ysgol llynedd a mynd i *Bradford University*, felly dw i ddim yn ei weld o'n aml, a phan ydw i yn ei weld o, dydi o ddim yn cymryd fawr o sylw ohonof fi. Felly rydyn ni'n dwy yn gwybod be ydi *unequited love* yn iawn. Rydyn ni'n stydio drama ar *unrequited love* yn Saesneg a fydd Margaret a fi'n adrodd y llinellau —

'*Build-me-a-willow-cabin-at-my-gate-and-call-upon-the-soul-who's-in-the-house.*' Fyddwn ni wrth ein bodd yn cyrraedd yr uchafbwynt, — '*Halw-your-name-to-the-reverbren-hills-and-make-the-babbling-gossip-of-the-air-cry-out-Olivia!*' Ew, dw i'n meddwl fod Shakespeare yn grêt.

Roedd hi'n braf ar y cae hoci a'r gwair yn cosi'n coesau ni a'r haul yn boeth. Cawson ni hwyl wedyn yn chwarae lol efo chwech yn gôl a Delyth Wyn yn trïo sgorio. Roedd yr hogia'n gwylio ni o Cae Top ac yn chwibanu.

Dydd Sadwrn, 15ed Ebrill

Fe dorrais i nghalon neithiwr. Ron i'n crïo nes methu stopio achos i Dad ddifetha noson orau fy mywyd i. Roedden ni yn Steddfod yr Aelwyd a phwy oedd yno ond Gwynfor. Ron i'n gwbod y byddai o yno ac roeddwn i wedi bod ar bigau'r drain drwy'r dydd. Ni a gafodd y job o wneud te i'r beirniaid yn y stafell fach, a phwy ddaeth drwodd ond Gwynfor a'i ffrindiau. Efallai fod ganddo fo fwy o ddiddordeb mewn cael paned nag ynddo i, ond roedd o'n ddigon cwrtais i aros yno i siarad efo mi tra oedd o'n ei hyfed hi. Roedd o'n holi lot arna i fel pe bai o'n dangos diddordeb yno i ac roedd o'n chwerthin lot hefyd. Fedrwn i ddim meddwl be i ddeud ac ron i fel tomato o goch ond yn trïo ymddwyn yn hunanfeddiannol. Arhosodd am hir ac ron i jest yn syllu ar ei lygaid brown o a dotio ar y ffordd roedd o'n gwenu. Fe wnaeth ein llygaid gyfarfod unwaith, ond pwy ddaeth i mewn a difetha pob dim ond Dad. Wnaeth o wneud i mi deimlo''n rêl ffŵl ac roedd yn rhaid i mi fynd adre. Pan ges i olwg ddwytha ar Gwynfor, wnaeth o ddim troi ei ben, dim ond parhau i siarad efo'r lleill.

Roedd hi'n ffrae ar ôl cyrraedd adre hefyd. Dad yn deud ei bod nhw'n meddwl mai yn y Steddfod ron i a mod i wedi eu twyllo ac mai lolian efo rhyw hen hogiau rown i. Sut gallan nhw ddweud hyn'na pan mae o'n golygu cymaint i mi? Aeth yn ffrae fawr a dechreuodd Mam ddweud nad on i'r hogan oeddwn i a mod i wedi newid. Wrth gwrs mod i wedi newid, meddwn innau, all rhywun ddim aros yn hogan fach drwy'i hoes. Dyna pryd y gwylltiodd Dad a dweud wrtha i am gau ngheg cyn imi fynd rhy bell. Gwylltiais innau wedyn gan ddod â'r *trump card* allan a dweud nad on i rioed wedi gofyn am gael fy ngeni. Un dda ydi honna achos allan nhw ddim ateb yn ôl. Chawson nhw ddim cyfle, beth bynnag, achos rhois i glep ar ddrws y gegin nes bod y tŷ yn crynu, a martsio i fy llofft, cau'r drws a beichio crïo. Ron i'n crïo i ddechrau am ei fod yn gymaint o ryddhad ar ôl bod ar bigau'r drain drwy'r dydd; wedyn ron i'n crïo am y byddwn i wedi gallu cael awr arall yng nghwmni Gwynfor; wedyn ron i'n crïo am fy mod i wedi cael ffrae efo Dad a Mam. Ron i'n meddwl o ddifri am redeg o gartra ond wyddwn i ddim lle i fynd. Ac wedyn on i eisiau marw.

Petai 'na ffordd hawdd o ladd fy hun, byddwn i 'di gwneud. Ron i mor hapus awr yn ôl, a rwan, roedd y briw mor agored, a'r ffaith na fyddwn i'n gweld Gwynfor tan yr Haf fel finegr ar y croen cignoeth. Hwnna oedd y tro cynta i mi gael siarad mor hir efo fo, perthynas wedi cael ei magu wedi misoedd o hiraeth, wedi ei meithrin gan ddagrau, ac mor fregus â lês. Perthynas y dylid bod wedi ei thrin yn arbennig o dyner, a dyna Dad yn difetha pob dim, run fath â morthwyl yn malu fâs werthfawr nes bod y darnau mân yn chwilfriw. Roedd fy mhen i run fath â bod rhywun wedi ei guro efo morthwyl hefyd ac ron i wedi crïo gymaint fel na allwn i grïo mwy. Codais fy mhen ac agor fy llygaid gan weld pob man yn dywyll ac ron i'n falch nad oeddwn i'n ddall. Goleuais y lamp fechan ac edrych arnaf fy hun yn y drych. Roedd golwg ofnadwy arna i a'm llygaid yn goch ac yn dendar a staen dagrau mawr yn llinellau llwyd ar fy wyneb, a meddyliais bod yn rhaid mod i'n ei licio fo lot i grïo tel 'na. Ond pan es i ngwely, fe gysgais yn syth. Os dw i'n ei licio fo go iawn, dylwn i golli cwsg o'i herwydd, ond dydw i ddim. Fydda i wedi blino gormod pan a i i ngwely i feddwl amdano fo.

Dydd Gwener, 21ain Ebrill

Amser cinio, aethon ni lawr i'r pentra. Dydan ni ddim yn perthyn i'r criw sy'n aros yn y toilets i smocio. Run peth rydyn ni'n ei wneud bob amser cinio — mynd i lawr i'r pentra ac ista ar fainc Neuadd Goffa i fyta'n brechdanau ac edrych ar bobl yn pasio. Chwarter i ddau, rydyn ni'n cerdded yn ôl heibio Lôn Bopty a phrynu da-da yn Siop Gloch. Delyth a Margaret a fi sy'n mynd a rydyn ni'n trafod ein problemau a rhoi'r byd yn ei le. Heddiw roedden ni'n trafod slimio, ac wedyn wnaethon ni sôn mor braf fydd hi flwyddyn nesaf. Fyddwn ni ddim yn cael ein hanfon allan o'r ysgol amser chwarae, a fyddwn ni byth yn cael gwers Maths a Frensh na Twmffat. Ar ôl dosbarth 5 bydd gwyliau'r Haf a Steddfod a Glanllyn a phan wnaiff yr ysgol ailddechrau bydd yna dymor heb arholiadau ac mi gawn ni fynd i'r Aelwyd. Fydd pethau ddim yn braf i gyd chwaith. Bydd rhai o'r dosbarth, fel Leri a Carol a Richard John yn gadael a byddwn ni'n gorfod swotio at lefel A. Yr adeg y bydd hi'n braf go iawn fydd yr adeg pan fyddwn ni wedi gorffen ysgol ac yn ddeunaw. Cawn wneud be 'dyn ni eisiau wedyn — buasen ni'n cael yfed, hyd yn oed, a mynd i rywle a dod adre pryd bydden ni'n licio. A fuasai Dad a Mam ddim yn cael rhoi eu troed i lawr a mynnu'n bod ni'n gwneud hyn a'r llall, ac arall. Ac mi fydd ganddon ni jobsys a digon o bres i allu prynu rhywbeth fynnon ni. Ew, mi fydd hi'n braf.

Ond buon ni'n siarad gymaint fel ein bod yn hwyr i'r ysgol a chawson ni row gan Twmffat ac ordors i glirio'r Llyfrgell amser chwarae fory.

Dydd Gwener, 10fed Mai

Un dda am sgwrs ydi Margaret. Wnaethon ni dreulio gwers rydd gyfan heddiw yn sgwrsio. Ron i'n dweud fel roedd Dad a Mam wedi mynd yn waeth yn ddiweddar. Roedd Margaret yn deall yn iawn ac yn cytuno fod y peth yn warthus. Mae hi yn deall yn well na Delyth. Ychydig yn rhy gall ydi Delyth, yn dweud fod yn rhaid imi drïo gweld ochr Dad a Mam a rhyw bethau gwirion fel'na. Bydda i'n teimlo weithiau y byddai 'na well siâp arna i petaen nhw ddim ond yn gadael llonydd i mi. Ar rai adegau bydda i'n teimlo angen Gwynfor yn ofnadwy, ac roedd Margaret yn dweud nad oedd hynny ond yn naturiol. Dwedais i mai'r hyn nad on i'n ei ddeall yn iawn oedd sut fath o *relationship* oedd gen i a Gwynfor. Er nad ydyn ni'n gweld ein gilydd yn aml, rydw i'n teimlo y gallen ni wneud rhywbeth ohoni, taen ni yn cael cyfle. Buon yn trafod mor rhyfedd ydi o nad ydi rhywun ddim yn gallu dewis pwy mae eisiau ei garu, a dywedais innau wedyn yr hyn oedd yn fy mhoeni, sef na wyddwn i os on i'n caru Gwynfor go iawn ai peidio. Y cwbwl wn i ydi mod i'n hapusach pan ydw i yn ei gwmni o na phan ydw i efo neb arall, a bod 'na rywbeth yn tanio y tu mewn imi pan dw i'n meddwl amdano fo, a bod 'na rywbeth yn ffrwydro y tu mewn imi pan ydw i'n ei weld o. Dywedodd Margaret ar ôl hyn'na i gyd ei fod o'n swnio'n debyg iawn i Gariad. Ond dw i'n dal heb fod yn siwr beth fyddwn i'n ei wneud pe bawn i'n mynd allan efo fo a dw i ddim yn siwr os ydw i eisio ei briodi o 'ta beth. Byddwn i reit hapus jest yn bod yn ffrindiau efo fo.

Dydd Mawrth, 21ain Mai

Ces ffrae ofnadwy yn yr ysgol heddiw efo Magi Radall Ddu. Dydi o ddim yn beth call ffraeo gyda gang Radall achos os ydych chi'n ffraeo efo un ohonyn nhw, mae'r gang i gyd yn eich erbyn. Nid gang go iawn ydi Radall Ddu ond teulu mawr efo pawb yn perthyn i'w gilydd. Does run o'r Radalls yn siarad efo fi rwan ond ddôn at eu coed mewn wythnos mae'n siwr. Nid y ffrae wnaeth i mi fod yn ddigalon ond truth fawr gan y Prifathro ar pa mor agos ydi'r arholiadau. Rydw i'n gwybod hynna heb i neb draethu yn ei gylch. Mae'r arholiadau fel rhyw gwmwl mawr du uwch fy mhen i. Ces i freuddwyd un tro fod 'na gwmwl go iawn uwch fy mhen a hwnnw ar fin torri, a phan dorrodd o, roedd gan bawb arall ond y fi ambarels a ches i nhrochi'n wlyb domen nes on i'n teimlo cywilydd ofnadwy. Ron i'n ddigalon wedyn drwy'r dydd.

Pan ddes i adref, roedd gen i lwyth o waith i'w wneud ac roedd yn rhaid imi aros yn f'ystafell. Ond dw i'n licio bod yno. Mae lluniau pawb dw i'n eu licio ar y waliau ac mae mhethau i o nghwmpas i. Fi pïau fan hyn, yr unig le sydd pïau fi a neb arall. Mae fy meddwl i'n crwydro yma a byddaf yn treulio oriau yn edrych ar y drych — nid mod i'n falch, ond am fy mod yn trïo meddwl pwy ydw i. Os gwna i sbïo am hir, bydda i'n meddwl ei bod yn rhyfedd iawn mai fi ydi'r person sydd yn syllu'n ôl arna i. Yng nghanol fy mhethau yn f'ystafell mae gwaith ysgol yn ddibwys. Dw i'n licio sgrifennu yn y dyddiadur 'ma, mae o fel tawn i'n siarad efo ffrind ond galla i ddweud pethau na allwn i byth eu dweud wrth ffrind. Rydw i'n hapus yn y fan hyn — dim ond y fi a'm dyddiadur.

Angharad Tomos, *Cyfansoddiadau Eisteddfod Genedlaethol yr Urdd, 1981*

Y SIWRNE

Pan ddisgynnon ni o'r bws y nos Wener honno, mi gefais i fy nghweryl cyntaf ag Olwen. Y cweryl cyntaf oddi ar i ni'n dwy ddechrau yn yr Ysgol Gyfun rwy'n feddwl, wrth gwrs.

Asgwrn y gynnen oedd parti Elin Evans. Roeddwn i wedi cael gwahoddiad i'r parti, ond doedd Olwen ddim. Roedd hi wedi bod yn surbwch drwy'r wythnos, ac yn ddywedwst iawn ar y bws y diwrnod hwnnw.

Ni'n dwy yw'r olaf i adael y bws bob amser, oherwydd ar waelod ein stryd ni y mae'r *depot*.

'On'd oedd gwallt Miss Preis yn edrych yn ddigri heddiw?' meddwn, gan wylio'r bws gwag yn cwynfan ei ffordd ar hyd yr heol. 'Mae'n rhaid 'i bod hi wedi treio'i liwio fe'i hunan!'

'Rown i'n credu'i fod e'n edrych yn hyfryd!' atebodd Olwen yn doc. *Cred di be fynni di,* meddyliais, *dim ond treio tynnu sgwrs oeddwn i, ti a dy bwdu!* A dyma ni'n cerdded lawr y stryd rai llathenni, heb gyfnewid gair.

Mae drysau ffrynt y tai yn ein stryd ni ar ben y pafin. Heddiw, roedd llawer ohonyn nhw ar agor i groesawu haul y gwanwyn, a'r synau a fu'n pentyrru y tu ôl iddynt gyhyd yn rhuthro allan i gyfarch yr awyr iach. Miwsig radio, sgrechian baban a chwerthin gwragedd. O'r tu ôl i un o'r ffenestri, cyfarthodd edlych o gi ei ddirmyg ohonom. Croesodd cath ddu y ffordd yn unig swydd i rwbio, yn gyntaf ei chefn, yna bwa ei chorff, ac yn olaf ei chynffon ddyrchafedig yn gariadus yn erbyn ein coesau. Ond ddywedodd yr un ohonom ni'r un gair.

Roedd jwg lliwgar yn ffenestr un o'r tai, yn llawn o gennin Pedr plastig. *Mae'n gas gen i flodau plastig.* Roedd lawnt ffrynt Elin Evans yn fôr o gennin Pedr. Roedd ei mam yn casglu pwysi ohonyn nhw pan arhosodd y bws i ollwng y plant sy'n byw yn nhop y dref. Mi gododd ei phen pan safodd y bws. A syllu'n ddisgwylgar-wengar ar Elin yn rhedeg i fyny'r llwybr hir. Cyn i'r olaf o'r plant adael y bws, roedd y ddwy wedi cyrraedd y tŷ, ac Elin yn sgwrsio'n ddiwyd â'i mam, wrth droi i gau'r drws. Falle mai dyna pam na sylwodd arna i'n codi'n llaw arni ...

'Pun o dy ffrogiau hirion wyt ti'n mynd i wisgo i'r parti?' Torrodd Olwen ar draws fy myfyrdodau. Roedd tinc bach sarcastig yn ei llais. Mi wyddai nad oedd gennyf, fwy na hithau, yr un ffrog hir ar fy elw. 'Y ... dwi ddim yn credu y bydd angen ffrog hir ...' mentrais yn gloff.

'O, mae pawb arall yn mynd mewn ffrog hir! Clywais i nhw'n siarad â'i gilydd amser egwyl!'

Yr hen bitsh feien â thi! Rwyt ti'n eiddigeddus — dyna beth sy'n bod arnat ti!

'Mi fyddi di'n teimlo'n od iawn — pawb ond ti mewn ffrog hir! Beth wyt ti'n feddwl wisgo 'te?'

'Wel, dwi ddim wedi gwneud fy meddwl lan eto.'

Celwydd glân gloyw. Roeddwn i wedi penderfynu beth i'w wisgo o'r foment y cefais i'r gwahoddiad, sef fy sgyrt nefi-blw, siwmper wen a'r sgarff ysgarlad a gefais i gan Olwen yn anrheg pen-blwydd.

'Dy sgyrt nefi-blw a dy siwmper wen, sbo,' ychwanegodd Olwen, fel pe na bawn i wedi dweud dim. 'Wrth gwrs, mi allet wisgo'r sgarff ysgarlad gest ti gen i yn ddau dro o amgylch dy wddwg,' meddai, ychydig yn fwy tirion yn awr, gan mai hi oedd wedi rhoi'r sgarff i mi. 'Roedd y fenyw welson ni ar y teledu lliw wedi gwisgo fel'ny, ac roedd hi'n edrych yn ... ddramatig iawn. Wyt ti'n cofio?'

Crychais fy nhalcen fel pe bawn i'n panso i dreio cofio. Doedd wiw i mi ddangos i Olwen mai gweld y peth ar ei theledu lliw hi oedd wedi rhoi'r syniad i mi.

'Na ... dwi ddim yn cofio,' meddwn, 'Ond ta beth, dwi i ddim yn gwybod eto beth wisga i.'

Gwylltiodd Olwen. 'Rwyt ti'n gwybod yn nêt — dy sgyrt a dy siwmper! Does gyda ti ddim dewis achos does dim byd arall o werth i gael gyda ti!'

Roedd yn rhaid i mi feddwl yn gyflym iawn i ateb y gosodiad hwn. Roedd Olwen a minnau yn gwybod yn union beth oedd yng nghypyrddau dillad ein gilydd achos roedden ni'n treulio bron bob dydd Sadwrn yng nghwmni'n gilydd yn ffitio dillad ac yn gwisgo ffrogiau'n gilydd.

'Wel, mae trwy'r dydd fory gyda fi i brynu ffrog newydd, on'd oes e? A falle mai ffrog hir fydd hi!'

Roedd Olwen yn syn iawn pan ddywedais hyn, ond ddim yn fwy syn na fi'n hunan.

'Gad dy gelwydd — dim ond dweud hynna wyt ti i gadw brest!'

'A dim ond yn eiddigeddus wyt tithau achos na chefaist ti ddim gwahoddiad i'r parti!'

'Eiddigeddus! Wyddost ti mai dim ond cael dy wahodd wnest ti achos fod gan fam Elin biti drosot ti? Mae pawb yn gwybod hynny!'

Roeddwn innau'n amau hynny, ond mod i wedi lapio gwlân cotwm fy ngobeithion am gyllell finiog y wybodaeth.

'Ond rwy'n falch dy fod di wedi cael dy wahodd, achos mi allwn ni fwynhau'r teledu lliw am unwaith heb dy fod di'n cadw lle â dy hen ben ôl mawr!'

Roedden ni wedi cyrraedd tŷ Olwen erbyn hyn. Am y tro cyntaf ers pan ddechreuon ni'n dwy yn yr Ysgol Gyfun, doedd yna ddim, 'Wela i di heno', neu, 'Dere draw bore fory', dim ond Olwen yn troi i mewn yn hollol ddi-ffrwt i'w thŷ, a minnau'n cerdded ymlaen fel pe bai fy mywyd yn dibynnu ar hynny.

Pan oeddwn i brin gogyfer â'n tŷ ni, daeth arogl cig moch a wynwyn i'm cyfarfod fel ci croesawus. Am foment, mi fyddwn wedi mynd ar fy llw mai o'n tŷ ni y deuai. Ond rhywun drws nesaf oedd yn ffrïo cig moch a wynwyn. Allai'r arogl ddim â bod wedi dod o'n tŷ ni.

Trois yr allwedd yn y clo a mynd i mewn i'r cyntedd cul. Codais y llythyrau anniddorol yr olwg a'u gosod ar y bwrdd bach. Yn y gegin roedd popeth fel y gadewais ef yn y bore, ond bod y saim ar blât brecwast nhad wedi caledu'n haen galed. Roedd y cwpan te ar ei ochr, a gwaelodion y te wedi colli i'r soser, yn gywir fel y gadewais ef yn fy mrys i ddal y bws. Ac roedd y distawrwydd yn canu grwndi lleddf yn fy nghlustiau.

Cyn tynnu fy nghôt, dyma fi'n dringo'r grisiau, fel y gwnawn i bob prynhawn ers rhai wythnosau nawr, ac agor drws y wardrob yn llofft Mam. Yna claddu fy wyneb am amser hir yn y ffwr oedd yn addurno ei chôt orau. Doedd neb yn gwybod mod i'n gwneud hyn — ddim hyd yn oed Olwen.

Roeddwn i wedi newid fy slacs, wedi taenu'r gwelyau, golchi'r llestri brecwast, ac wrthi'n crafu tatws pan ddaeth Olwen i'r drws. Chlywais i ddim ohoni ar unwaith, oherwydd roedd y radio ymlaen yn y gegin a minnau'n canu gyda hi ar dop fy llais.

'Roedd Mam yn dweud, os nad wyt ti eisiau prynu ffrog hir, y byddai un Sali yn siŵr o dy ffitio di. Mi ofynnith hi i Anti Nel os cei di 'i benthyg hi, os lici di.' Roedd llais Olwen yn uchel, fel pe bai hi'n adrodd adnod yn y capel. Gorffennais grafu'r daten oedd yn fy llaw, a'i gollwng plwp i'r dŵr cyn ateb.

Mi aethost ti i mewn i'r tŷ ac roedd dy fam yn dy ddisgwyl di, dy ginio di ar y bwrdd, mi ddywedaist dy gŵyn wrthi. Druan fach ohoni, meddai dy fam, treio cadw brest y mae hi, piti amdani hi. Rwy'n siŵr fod gan dy gyfnither Sali hen ffrog allai hi gael fenthyg. Cer draw i ddweud wrthi nawr. A wir, Olwen, ddylet ti ddim edliw i Wendy 'i bod hi'n dod yma i edrych ar y teledu lliw. Mi ddylet ti fod yn garedig i rai sy'n llai ffortunus na thi, bob amser ...

Roeddwn i wedi codi taten arall, ac yn 'i hedrych hi'n ofalus. 'Na ... na ... dim diolch,' clywais fy hunan yn ateb yn lartsh, 'dyw nhad ddim yn hoffi i fi fenthyg ffrogiau pobl eraill. Mae gen i ddigon o arian i brynu un newydd ...' *Ac mi fyddi di ddyddiau dy oes yn disgwyl i mi ddod i edrych ar dy hen deledu lliw di, hefyd.*

Dipyn yn ddiweddarach, pan euthum ati i gyfrif yr arian yn fy mocs cynilo, ar ôl rhoi'r tatws ar y stof, mi gefais i dipyn o sioc. Dim ond pymtheg punt oedd ynddo fe, yn lle ugain punt, fel y disgwyliwn. Roeddwn i wedi anghofio mod i wedi cymryd papur pum punt i brynu wyth pâr o deits yn sêl-gwerthu-allan yr Emporium. Roedden nhw gyda'i gilydd mewn pecyn, ac rown i'n meddwl mod i'n cael bargen. Ond pan es i i'w gwisgo nhw, dyma nhw'n ladro, a dim ond un pâr oedd ar ôl nawr. Dyna'r un rown i'n olygu 'i wisgo i'r parti. Hei lwc na fyddai hwnnw'n ladro hefyd.

Rown i mewn tipyn o gyfyng-gyngor nawr, ac roedd gen i ddau ddewis. Naill ai byw mewn gobaith y cawn i ffrog am bymtheg punt, neu gofyn i nhad a gawn i bum punt ganddo ef. Wel, un dewis oedd gennyf mewn gwirionedd, achos rown i'n gwybod beth fyddai ei ateb ef.

Arhosais nes bod nhad wedi gorffen ei bryd bwyd cyn crybwyll y parti. Gwyliais ef yn bwyta'n gyson, a'r pentwr bwyd ar ei blât yn mynd yn llai ac yn llai o hyd. Yna, o'r diwedd, dyma fe'n rhoi tro o gwmpas y plât â'i gyllell i gasglu'r mymryn olaf o fwyd, a rhoi'r gyllell yn ei geg. Dyma oedd yr arwydd y bûm yn disgwyl amdano.

'Parti? Pa barti?'

'Parti Elin Evans, ac mae arna i eisie ffrog newydd i fynd iddo fe. Mae pymtheg punt gen i'n barod, ac os rhowch chi bum punt i fi, mi alla i 'i phrynu hi bore fory.'

'Ugain punt am ffrog! Does gyda ti ddim rhywbeth elli di wisgo heb orfod prynu? Neu beth am ofyn i fam Olwen? Mae hi'n barod iawn i helpu fel arfer.'

Rwy'n siŵr y gall hi feddwl am rywbeth.' A gwthiodd ei blât oddi wrtho.

Yn y nos, dihunais yn chwys botsh. Roedd rhywbeth yn fy ymlid ac ar fin fy nal. Cefais fy hun ar landin, yn ymlwybro tua llofft mam. Roedd hi'n dywyll, a chefais beth trafferth i ffeindio'r gwely. Roedd nhad yn gorwedd yn yr erchwyn.

'Dadi!' sibrydais, ond doedd dim ateb. Parhaodd chwyrnu ysgafn fy nhad i lenwi'r ystafell. Rhois fy llaw ar ei ysgwydd, ond ysgubodd hi ymaith fel petai hi'n wybedyn. Deuthum yn ymwybodol o oglau sur cwrw, a throis i fynd allan o'r llofft. Roedd y linoliwm ar y landin yn oer o dan fy nhraed, a bûm hydoedd cyn cynhesu ar ôl mynd yn ôl i'r gwely.

Roedd nhad wedi codi ac wedi mynd at ei waith pan ddihunais i drannoeth. Gwthiais ei lestri brwnt i ganol y bwrdd i gael lle i lowcio fy mhryd o greision ŷd. Yna cliriais yr holl lestri brwnt i ymyl y sinc i'w golchi'n ddiweddarach. Rhoddais y ddecpunt a adawsai nhad ar y bwrdd i mi gael bwyd i'r tŷ yn fy mhwrs. O'm bocs cynilo, cymerais y bymtheg punt, gan eu rhoi mewn hen amlen cyn eu stwffio i waelod fy mag siopa.

Cyn pen deng munud, roeddwn i yn Siop Roberts yn bodio'r ffrogiau hir a hongiai ar reil, gan ddal ambell un ohonynt yn erbyn fy nghorff. Bûm yno am amser hir, nid oherwydd nad oedd yno ddigon o ffrogiau a'm ffitiai, yn sicr, ac a fyddai hefyd yn

gweddu i mi'n berffaith, ond oherwydd fod pris pob un ohonynt y tu hwnt i'm cyrraedd.

'Alla' i'ch helpu chi?' Edrychais i fyny. Doedd dim yn ymddangosiad y wraig a syllai'n ddisgwylgar arnaf i awgrymu y gallai hi helpu neb. Roedd yr olwg farus yn ei llygaid, ynghyd â'r ffrog ddu a wisgai yn fy atgoffa o frân.

Alli di droi'r bymtheg punt sydd yng ngodre mag siopa i'n ugain punt? Dyna'r unig ffordd y galli di fy helpu i, yr hen frân ddu!

'Na, dim diolch ... dim ond edrych yr oeddwn i ...'

Cadwai'r Frân Ddu linyn mesur anweledig yn ei llygaid barus. Gallwn ei deimlo'n awr yn cerdded fy nghorff, o'm hysgwyddau, ar draws fy mrest, i lawr fy nghoesau ac at fy nhraed. Bob hyn a hyn, plyciai'r llinyn wrth y llygaid barus, fel pe bai e'n dangos neges anghlywadwy am y seffti pin a ddaliai strapen fy mhais, ac am y twll mawr, mawr, ar dop fy nheits.

'Does dim i'ch ffitio chi ar y rheilen hon.' Bron na chlywswn i'r clic wrth i'r llinyn mesur neidio'n ôl i'r llygaid barus ar orchymyn cudd ei feistres. 'Dewch draw yma.'

Gan guro'i hadenydd, arweiniodd y Frân Ddu fi at reilen arall. 'Beth am hon?' crawciodd. 'Neu hon? Mae lein hyfryd i'r ffrog yma — ffitiwch hi i chi gael gweld!' Ond rown i eisoes wedi sylwi ar y pris ar y ticed, ac wedi sylweddoli nad oedd yr un ffrog o fewn cyrraedd y pymtheg punt a orweddai yn yr amlen ar waelod fy mag siopa.

'Na ... na ... dwi ddim yn meddwl ...' Yn ddiamynedd, stwffiodd y Frân Ddu y ffrogiau'n ôl ar y rheilen, â'i chrafanc. 'Does gen i ddim byd arall i ddangos i chi.'

Trois i fynd allan o'r siop, ond dilynodd y crawcian oeraidd fi o hirbell. 'Pam na ddewch chi a'ch mam gyda chi? Rych chi braidd yn ifanc i ddewis ffrog ar eich liwt eich hun!'

Roedd gwatwar yn y crawcian yn awr — mi awn ar fy llw — fel pe bai'r llinyn mesur anweledig wedi sibrwd cyfrinach wrth ei feistres. Cyfrinach gywilyddus a wnâi i'r seffti pin yn fy mhais a'r twll yn fy nheits ymddangos bron yn barchus yn ei hymyl. Rhedais allan o'r siop.

Roedd yr haul wedi ymddangos erbyn i mi gyrraedd y siop gadwyn. Cymerais fasged weiar, a dechrau mynd o amgylch y silffoedd. Prynais gig erbyn dydd Sul, llysiau, siwgr, bara, menyn — pethau yr oedd yn rhaid i mi wrthynt. Yn y fasged weiar hefyd dodais becyn o fisgedi ffansi, blwch o siocledi, a thun o ffrwythau ffansi. Doedd dim rhaid i mi wrth y rhain, ond calon galed iawn a fyddai wedi medru anwybyddu'u hymbil lliwgar am sylw.

Wrth ymuno â'r gynffon o bobl a oedd yn aros i dalu am eu nwyddau y gwelais i'r cennin Pedr. Nid rhai plastig ond rhai go iawn. Gorweddent yn bwysi yn erbyn cefndir o bapur sidan porffor. Roedden nhw'n felyn felyn, yn ddisglair o felyn fel yr oedd y cŵn hynny yn yr hen chwedl yn ddisglair o wyn.

Roedd lawnt ffrynt Elin Evans yn fôr o gennin Pedr. Roedd ei mam yn 'u casglu nhw wrth bod Elin yn disgyn o'r bws. Yna mi aethant ill dwy i mewn i'r tŷ. 'Sut aeth hi yn yr ysgol heddiw, nghariad i?' 'Ddim yn dda, dim ond tri ges i yn y prawf Ffrangeg.' 'Na hidia, merch i, mi wnei di'n well y tro nesaf. Tyrd, mae dy de di ar y bwrdd.' 'Mi ddaeth botwm i ffwrdd o mlows i, mam.' 'Na hidia, merch i. Mi wnïa i fe'n ôl erbyn dydd Llun ...'

Cydiais mewn pwysi o'r cennin Pedr, a'u dal yn erbyn fy wyneb.

Blodau annibynnol yw cennin Pedr. Ewch chi byth â'ch trwyn yn glos iawn atynt, achos mae'r utgyrn melyn yn eich dal hyd braich, fel petai. A dydyn nhw ddim yn mynd allan o'u ffordd i'ch denu chi â'u sawr, ychwaith. Rhyw sawr plaen, dim-ots-am-neb sy gyda nhw. Mae sanau'r gog yn wahanol — os na fyddwch chi'n ofalus mi fyddan wedi gwthio'u ffordd i fyny'ch trwyn chi pan fyddwch chi'n eu dal nhw at eich wyneb, ac maen nhw'n gwenieithu i bob cari-dym â'u haroglau melys. Ond rhowch chi nhw mewn pot jam ac mi gewch chi weld pa mor ddidwyll ydyn nhw — dydyn nhw ddim yn aros gyda chi am hir. Ond mi rydd pwysi o gennin Pedr lawenydd a chwmni i chi am wythnos gyfan, a hyd yn oed wedyn, marw ar eu traed y byddan nhw, nid rhyw lithro gwywo'n llechwraidd fel sanau'r gog.

Roedd y gynffon o bobl wedi symud ymlaen yn awr, a minnau gyda nhw. Ond ddodais i ddim o'r pwysi blodau'n ôl ar y papur porffor, nac ychwaith gyda'r nwyddau yn y fasged weiar. Cedwis ef yn fy llaw.

Sut le sy 'da chi, Mami? Lle hyfryd, hyfryd, a'r haul yn tywynnu o hyd ac o hyd. Lle melyn, melyn, Mami? Ie, mechan i, lle melyn, melyn.

Roedd y gynffon yn symud ymlaen ac ymlaen. Rown i wedi pasio'r silff gennin Pedr erbyn hyn, a'r pwysi o flodau o hyd yn fy llaw. Roedd tri o fy mlaen yn disgwyl eu tro i dalu. Yn sydyn, dyma fi'n rhoi'r pwysi o gennin Pedr yn fy mag siopa.

Pan ddaeth fy nhro i dalu, nododd y ferch y tu ôl i'r peiriant cyfrif fy negeseuon, cymerodd y papur decpunt, a rhoi newid i mi heb edrych arnaf unwaith. Rhoddais y nwyddau yn y bag, ar ben y cennin Pedr a mynd allan drwy'r drws.

'Esgusodwch fi —,' doeddwn i ddim wedi gweld y fenyw o'r blaen. Rhywun eisiau gwybod y ffordd i rywle, tybed? Edrychais i fyny'n ddisgwylgar arni, gan drosglwyddo'r bag siopa o un fraich i'r llall. Ond nid eisiau gwybod y ffordd oedd ar y wraig ganol-oed â'r llygaid llym.

'Mae gen i reswm i gredu,' meddai, fel pe bai ganddi recordydd tâp yn lle tafod, 'fod gyda chi nwyddau yn y bag yna nad ydych chi ddim wedi talu amdanyn hwn.'

'Na, na, nid nwyddau,' atebais, 'cennin Pedr ydyn nhw.'

Roeddwn i wedi cael fy mwrw oddi ar fy echel, neu ni fyddai'r geiriau nesaf erioed wedi darganfod bwlch rhwng fy meddwl a'm tafod. 'Ddylai neb dalu am gennin Pedr!'

Dal i dreiddio drwof am rai eiliadau a wnaeth y llygaid llym. Roedd y sioc gyntaf o gael fy nal fel hyn yn dechrau mynd yn awr, gan adael yn ei le fraw. Braw a glymai gwlwm yn fy ymysgaroedd, ac a ganai hyrdi-gyrdi gorffwyll yn fy mhen. Er bod fy llygaid wedi'u hoelio ar wyneb y wraig, rown i'n ymwybodol o'r symud o'm cwmpas. Rown i'n ddarn bach mewn rhyw gêm gloc-wyrc gymhleth. Dim ond bod rhywun wedi anghofio fy weindio i.

'I mewn yma, os gwelwch chi'n dda.' Yn y siop eang, agorodd y wraig ddrws yn y wal, drws na sylwais arno erioed o'r blaen er i mi fod yn y siop ugeiniau o weithiau. Wrth fynd i fyny'r grisiau cul, cefais ryw deimlad rhyfedd na welwn i fyth eto olau dydd. Pan gyrhaeddon ni'r stafell, roedd dyn moel yn eistedd wrth ddesg, a phapurau o'i flaen.

Pan oedd Olwen a minnau yn y sinema ryw brynhawn Sadwrn, mi ddigwyddodd rhywbeth digri ar y naw. Yn sydyn, ynghanol ffilm cowbois eithaf diflas, mi aeth popeth o chwith. Roedd y ffilm, yn lle mynd yn ei blaen yn mynd yn ei hôl, ac roedd pob gweithred yn ddigri o ddigyswllt. Cowboi'n cwmpo'n farw, ac yna'r sheriff yn anelu'i wn. Pobl yn ymddangos ar y sgrîn grynedig hob un rheswm o gwbl dros eu hymddangosiad, ac yn gwneud y pethau mwyaf od. Rown i'n rhowlio chwerthin yn fy sedd.

Roedd tri dimensiwn i'r ffilm a chwaraeid yn y stafell fach ar dop y grisiau y bore hwnnw. Roedd rhywbeth wedi mynd o'i le arni hithau hefyd, ond down i ddim yn rhowlio chwerthin yn fy sedd.

Saethai'r cowbci moel gwestiynau ataf, a chlywn ei fwledi-geiriau'n serio fy nghnawd. 'Beth rat-a-tat yw'ch enw chi? A'ch rat-a-tat cyfeiriad chi? Ble rat-a-tat mae'ch mam chi? Yn rat-a-tat Sbaen? Dydw i ddim rat-a-tat yn eich credu chi!'

Yna ymddangosodd y sheriff — menyw o sheriff — mewn iwnifform nefi-blw a chap pig-loyw. 'Ond mae'n rhaid eich bod chi wedi dwyn mwy na hyn! Ble rych chi wedi cuddio'r pethau eraill ... cuddio'r pethau eraill ... cuddio'r pethau eraill ...?'

Dwmp-damp, ac agorodd drws y salŵn. Nhad oedd yno, ei het wedi'i gwthio'n ôl ar ei gorun a llwch y gwastadeddau ar ei lodrau llaes. 'Wendy fach, beth rwyt ti wedi'i wneud ... wedi'i wneud ... wedi'i wneud ...? Rwyt ti wedi dwyn gwarth arnon ni ... gwarth arnon ni ... gwarth arnon ni ...'

Bore dydd Llun, ymddangosais yn y llys. Roedd y fenyw a siaradodd â mi o'r fainc yn eithaf caredig. Dywedodd ei bod am fy rhoi ar brawf am naw mis, ac y byddai'r Swyddog Prawf yn dod i siarad â mi cyn diwedd y bore.

Miss Rees oedd enw'r Swyddog Prawf. Roedd siwt lwyd amdani, ac andros o bâr o esgidiau cryfion am ei thraed. Ar yr olwg gyntaf, doedd hi ddim yn ymddangos yn gas, nac ychwaith yn rhyw neis iawn. Dywedodd y byddai'n dod i'm gweld yn y tŷ am bump o'r gloch y diwrnod hwnnw.

Fe ddaeth hefyd, ond â nhad yr oedd hi eisiau siarad gyntaf. Bu ef yn y stafell ffrynt gyda hi am tua thri chwarter awr cyn i mi fynd i mewn ati. Roeddwn i wedi bod yn rhaffu celwyddau o atebion yn fy meddwl i'r cwestiynau y byddai Miss Rees yn siwr o ofyn i mi. Dyna'r cyfan allwch chi ei wneud gyda phobl mewn oed. Os rhowch chi'r gwir, choelian nhw ddim ohonoch chi. Nid bod gennyf unrhyw wir i'w gynnig i Miss Rees.

Ond doedd dim un celwydd yn barod ar flaen fy nhafod yn ateb i'w chwestiwn cyntaf.

'Pam rych chi'n mynnu dweud fod eich mam ar ei gwyliau yn Sbaen, Wendy, a chwithau'n gwybod 'i bod hi wedi marw?'

Dewch mewn i'm stafell i am funud, Wendy ... Na hidiwch am y wers Ymarfer Corff ... Mae gen i newydd drwg i chi ... Fe fu damwain y bore yma ... Mi gafodd eich mam ei bwrw i lawr gan gar ... ac mae hi ... wedi ... wedi ... marw ...

Na ... na ... mae rhyw gamgymeriad ... Nid fy mam i sydd wedi marw ... ond mam rhywun arall.

Mae'n rhaid i chi fod yn ddewr iawn, Wendy ... yn ddewr iawn ...

'Nid bod yn ddewr yw cymryd arnoch fod eich mam yn fyw o hyd, Wendy,' ychwanegodd Miss Rees.

Mae'n rhaid bod rhyw gamgymeriad. Roedd mam yn iawn y bore yma — mi rois i gusan iddi hi cyn gadael y tŷ. Na ... arhoswch ... bore ddoe oedd hynny. Y bore yma, mi stampiais i allan o'r tŷ mewn tymer ddrwg achos rown i eisiau rhagor o arian poced ... rown i wedi hyllio arni ...

'Yn aml iawn, mae pobl yn teimlo'n euog pan fo rhywun annwyl iddyn nhw yn marw'n ddisymwyth ac yn credu mai nhw oedd rywfodd yn gyfrifol am y farwolaeth. Mae e'n beth digon normal ...'

Roedd Miss Rees yn gallu darllen meddyliau pobl. Mae'n rhaid 'i bod hi, oherwydd doeddwn i ddim wedi yngan gair o'm genau ers i mi ddod i'r ystafell.

'Ambell waith, mae'r teimlad yma o euogrwydd yn gallu gwneud i berson deimlo fod pawb yn 'i erbyn e, neu'n chwerthin am 'i ben e ...'

'*... Dim ond cael dy wahodd wnest ti am fod gan fam Elin biti drosot ti!*'

'*Pam na ddewch chi a'ch mam gyda chi? Crawc ... crawc ... crawc ...*'

Ymhell cyn i Miss Rees fynd, rown i wedi sylweddoli mai gwastraff amser fyddai rhaffo celwyddau wrthi. Mi grïais i fy hunan i gysgu y noson honno, ac roedd fy llygaid i dros y golwg pan ddihunais i yn y bore. Pan welais i hi yn ei swyddfa yr wythnos ganlynol, roeddwn i'n llawer llai dywedwst.

Rown i'n falch o gyfeillgarwch Miss Rees yn ystod yr wythnosau nesaf. Er bod Olwen yn eistedd yn f'ymyl i o hyd ar fws yr ysgol, ychydig iawn a welwn i arni amser cinio ac adeg egwyl. Roedd pawb wedi dieithrio wrthyf rywsut, a rhai o'r merched yn edrych yn ddigon swch-syw arna i.

Siaradem am bopeth dan haul, Miss Rees a minnau. Dwrdiai fi'n arw ambell dro am beidio â gweithio'n ddigon caled yn yr ysgol, neu am fod yn rhy hunan-dosturiol. Gallai chwerthin hefyd, yn uchel ac yn hir am ben ambell hanesyn digri. Wyddwn i ddim y gallai menyw â thraed mor fawr fod â'r fath afiaith at fywyd.

'Pam ddaru chi gymryd y cennin Pedr heb dalu amdanyn nhw, Wendy?' gofynnodd i mi'n sydyn, ryw noson. Doeddwn i ddim yn disgwyl y cwestiwn. O, roedd digon o bobl eraill wedi gofyn yr un cwestiwn i mi, a minnau wedi rhaffo yr un nifer o gelwyddau ag a gefais o gwestiynau.

Ond yn awr, crynodd y gwir am hydoedd ar fy ngwefusau cyn i'r geiriau dosturio wrtho.

Y drafferth gyda geiriau yw mai'n rhannol yn unig y medran nhw'ch cynorthwyo chi. Maen nhw'n rhoi hyd a lled ar bopeth, ac mae yna brofiadau na ellir rhoi hyd a lled arnyn nhw.

Clywais fy hun yn ceisio egluro'r teimladau a ddaeth i mi y prynhawn hwnnw wrth syllu ar y cennin Pedr yn y siop. Roedd hi'n weddol hawdd esbonio fod melyndra'r blodau mor ddisglair nes iddyn nhw rywfodd lynu wrth sgrîn ddarluniau fy meddwl i.

Ond roedd hi'n llawer anos cyfleu y wybodaeth sicr a gefais yr ennyd honno y byddai'r goleuni hwn yn ymddangos i mi eto, nawr ac yn y man, drwy gydol fy mywyd. Goleuni a fyddai'n treiddio hyd at fywyn fy mod, nes deffro ynof deimladau o lawenydd mor eirias nes llosgi'n ulw unrhyw eiriau a fyddai'n mentro'n ddigon agos atynt i geisio'u disgrifio. Ar ôl dweud hyn, afraid oedd esbonio i Miss Rees na allwn i, y prynhawn hwnnw, fod wedi rhoi cylch bach pitw, budr o arian bath o amgylch y goleuni hwn.

Syllodd Miss Rees yn hir arnaf, ymhell wedi i'r geiriau gilio oddi wrthyf a'm gadael. Dychmygais i mi weld golwg o dosturi yn ei llygaid unwaith, cyn iddi siarad yn llym iawn â mi.

'Ond lladrata yw lladrata, Wendy, gan nad beth yw'r cymhellion! Rydych chi'n deall hynny erbyn hyn? Fyddwch chi byth yn gwneud peth tebyg eto?'

'Na fyddaf,' atebais yn gadarn. Ac roedd Miss Rees yn gwybod mod i'n dweud y gwir.

'Mae'n rhaid i ni i gyd gadw'n traed ar y ddaear,' ychwanegodd, ychydig yn fwy tirion yn awr, 'er mor anodd yw hynny'n aml.' A dyna pryd y deallais paham y rhoddodd y Brenin Mawr y fath glamp o bâr o draed i Miss Rees.

Yr hydref yma mi brynais i dri dwsin o fylbiau cennin Pedr. Yn yr iard gefn fach anniben sy'n gwneud tro fel gardd i'n tŷ ni, fe'u gwthiais i nhw i'r pridd ar ddiwrnod diflas, oer. Hei lwc y bydd y blodau wedi ymddangos erbyn Dygwyl Dewi.

Rwy'n edrych ymlaen at eu gweld yn chwifio yn yr awel, fel baneri buddugoliaethus.

Ray Evans

DIWEDDGLO

ANGLADD JOHN

Angladd fawr oedd angladd John,
Deunaw oed. Poblogaidd. Eglwys lawn.
Gorffen byw cyn dechrau, bron.
A'r geiriau cysurlon, gwag,
y rhethreg efengylaidd, set,
yn methu â rhwystro'r dagrau a'r boen.

Angladd dristach na'r cyffredin oedd angladd John.
Y Duw a drefnodd ragluniaeth y cread,
y Duw oes oesol ar ryw frys dychrynllyd
i dynnu John i'w gôl.
'Llawenhawn', meddai'r ficer, â'i ffydd,
fel ei lais, yn gadarn a chlir:
a'i lais, fel ei ffydd, yn llifo
dros bennau'r gynulleidfa.

Angladd ryfedd oedd angladd John —
rhyfedd o ran amrywiaeth y pysgod yn y rhwyd.
'Na neis oedd gweld yr haid fotor-beicaidd
yn taro i mewn i ddangos teyrngarwch
y frawdoliaeth — oll yn eu lifrau duon ...

Lluoedd Duw ac angau
ddaeth i gwrdd am awr ...
'Na neis. A fu cymundeb?
Y naill ochr yn deyrngar i'w Duw
a'r gang yn deyrngar i John, dim mwy.
Y naill ochr yn methu â chael cysur
a'r gang yn cael rhyw nerth o fod yn perthyn.

Rhyfedd hefyd bod John
wedi darogan ei dranc ers misoedd.
'Wela i 'mo ddiwedd y flwyddyn hon',
dywedasai wrth ei ffrindiau.
'Y ffordd rwy'n gyrru'r beic 'na'r
dyddiau hyn ... Duw a ŵyr ...'
Duw ... a John mae'n debyg.

Mynd fel cath i gythraul oedd e ar y pryd,
mae'n debyg.
Y crwtyn annwyl, di-falais, di-feddwl, di-niwed.
Y diawl dienaid!

Ond wnaeth John ddim niwed i neb.
Naddo, diolch i'r drefn.
A wnaiff e ddim chwaith, mwy,
diolch i'r ... Drefn?

Bryan James

66

(5.2.4)   **Cwestiwn 2**

Darllenwch y ddau ddarn isod yn ofalus ac yna atebwch y cwestiynau.

Y SIWRNE

Miss Rees oedd enw'r Swyddog Prawf. Roedd siwt lwyd amdani, ac andros o bâr o esgidiau cryfion am ei thraed. Ar yr olwg gyntaf, doedd hi ddim yn ymddangos yn gas, nac ychwaith yn rhyw neis iawn. Dywedodd y byddai'n dod i'm gweld yn y tŷ am bump o'r gloch y diwrnod hwnnw.

Fe ddaeth hefyd, ond â nhad y roedd hi eisiau siarad gyntaf. Bu ef yn y stafell ffrynt gyda hi am tua thri chwarter awr cyn i mi fynd i mewn ati. Roeddwn i wedi bod yn rhaffu celwyddau o atebion yn fy meddwl i'r cwestiynau y byddai Miss Rees yn siŵr o ofyn i mi. Dyna'r cyfan a allwch chi ei wneud gyda phobl mewn oed. Os rhowch chi'r gwir, choelian nhw ddim ohonoch chi. Nid bod gennyf unrhyw wir i'w gynnig i Miss Rees.

Ond doedd dim un celwydd yn barod ar flaen fy nhafod yn ateb i'w chwestiwn cyntaf.

'Pam rych chi'n mynnu dweud fod eich mam ar ei gwyliau yn Sbaen, Wendy, a chwithau'n gwybod 'i bod hi wedi marw?'

Dewch mewn i'm stafell i am funud, Wendy ... Na hidiwch am y wers Ymarfer Corff ... Mae gen i newydd drwg i chi ... Fe fu damwain y bore yma ... Mi gafodd eich mam ei bwrw i lawr gan gar ... ac mae hi ... wedi ... wedi ... marw.

Na ... na ... mae rhyw gamgymeriad ... Nid fy mam i sydd wedi marw ... ond mam rhywun arall.

Mae'n rhaid i chi fod yn ddewr iawn, Wendy ... yn ddewr iawn ...

'Nid bod yn ddewr yw cymryd arnoch fod eich mam yn fyw o hyd, Wendy,' ychwanegodd Miss Rees.

Mae'n rhaid bod rhyw gamgymeriad. Roedd mam yn iawn y bore yma — mi rois i gusan iddi hi cyn gadael y tŷ. Na ... arhoswch ... bore ddoe oedd hynny. Y bore yma, mi stompiais i allan o'r tŷ mewn tymer ddrwg achos rown i eisiau rhagor o arian poced ... rown i wedi hyllio arni ...

'Yn aml iawn, mae pobl yn teimlo'n euog pan fo rhywun annwyl iddyn nhw yn marw'n ddisymwth ac yn credu mai nhw oedd rywfodd yn gyfrifol am y farwolaeth. Mae e'n beth digon normal ...'

Roedd Miss Rees yn gallu darllen meddyliau pobl. Mae'n rhaid 'i bod hi, oherwydd doeddwn i ddim wedi yngan gair o'm genau ers i mi ddod i'r ystafell.

'Ambell waith, mae'r teimlad yma o euogrwudd yn gallu gwneud i berson deimlo fod pawb yn 'i erbyn o, neu'n chwerthin am 'i ben e ...'

Ymhell cyn i Miss Rees fynd, rown i wedi sylweddoli mai gwastraff amser y byddai rhaffu celwyddau wrthi. Mi grïais i fy hunan i gysgu y noson honno, ac roedd fy llygaid i dros y golwg pan ddihunais i yn y bore. Pan welais i hi yn ei swyddfa yr wythnos ganlynol, roeddwn i'n llawer llai dywedwst.

Siaradem am bopeth dan haul, Miss Rees a minnau. Dwrdiai fi'n arw ambell dro am beidio â gweithio'n ddigon caled yn yr ysgol, neu am fod yn rhy hunan-dosturiol. Gallai chwerthin hefyd, yn uchel ac yn hir am ben ambell hanesyn digri. Wyddwn i ddim y gallai menyw â thraed mor fawr fod â'r fath afiaith at fywyd.

'Pam ddaru i chi gymryd y cennin Pedr heb dalu amdanyn nhw, Wendy?' gofynnodd i mi'n sydyn, ryw noson. Doeddwn i ddim yn disgwyl y cwestiwn. O, roedd digon o bobl eraill wedi gofyn yr un cwestiwn i mi, a minnau wedi rhaffu yr un nifer o gelwyddau ag a gefais o gwestiynau.

Ond yn awr, crynodd y gwir am hydoedd ar fy ngwefusau cyn i'r geiriau dosturio wrtho.

STORI KENNETH

Y cefndir teuluol

Mae Mr a Mrs Pugh a Kenneth, eu hunig blentyn dwy ar bymtheg oed, yn byw ar gyrion pentref glofaol mwn tŷ hardd iawn. Hefyd mae mam Mrs Pugh — Mrs Morgan (73 oed) — yn byw gyda'r teulu.

Ers blynyddoedd bellach mae Mr Pugh (44 oed) wedi bod mewn swydd saff gyda'r gwasanaeth sifil a Mrs Pugh (40 oed) yn nyrsio mewn ysbyty gyfagos. Yn ôl a ddeellir mae'r bywyd teuluol wedi dilyn patrwm tebyg iawn ers blynyddoedd — gyda Mr a Mrs Pugh allan yn gweithio bob dydd a Mrs Morgan yn gofalu am y gorchwylion teuluol bron i gyd. Gellir disgrifio'r aelwyd fel un wir foethus a cheir y teimlad fod popeth yn rhedeg fel cloc. Fe ofala Mrs Morgan am hynny!

Y broblem yn codi

Mae'n debyg na fu Kenneth erioed yr or-hoff o unrhyw waith. Hyd yn oed yng nghyfnod yr ysgol elfennol byddai'n rhaid cocsio tipyn arno i fynd at ei waith cartre. byddai Mr Pugh yn gorfod eistedd oriau gyda'r bachgen yn gwmni, a cheisio ei ennyn i wneud ryw ychydig o waith. Ond, er mawr lawenydd fe lwyddodd gyda llawer iawn o gocsio i gael chwe phwnc yn nosbarth pump. Ar ôl hyn teimlai Mr a Mrs Pugh bod yn rhaid iddo ddychwelyd i wneud cwrs lefel 'A' ac ar ôl gosod llawer iawn o bwysau arno fe wnaeth Kenneth yn ôl dymuniad ei rieni. Ond fuodd pethe ddim yn dawel ar yr aelwyd am lawer o amser ar ôl hyn. Dechreuodd Kenneth ganlyn grŵp o fechgyn y pentre, grŵp oedd allan bob nos ar eu motor beics; ac fe fynnodd yntau gael motor beic ar ei ben-blwydd yn ddwy ar bymtheg. 'Doedd dim dal yn ôl arno nawr a mynnai efelychu aelodau'r grŵp ym mhob ffordd — steil eu gwallt, eu gwisg, a'u holl ymagwedd, gan ddatblygu i fod yn hollol groes i safonau'r teulu. Ni fyddai diwrnod yn mynd heibio heb fod 'na ryw helynt neu'i gilydd ar yr aelwyd — a byddai Kenneth wastad yn gwneud yn hollol groes i ddymuniad y teulu. 'Roedd Mr a Mrs Pugh bron â danto, a Mrs Morgan wedi gwrthod siarad â'r crwtyn yn llwyr. Digon diflas oedd pethe ar yr aelwyd pan alwodd Sergeant Price yn y tŷ a gofyn am gael gweld Kenneth. Ymhellach ymlaen datgelodd i Mr a Mrs Pugh fyrdwn ei ymweliad — er mawr ofid iddynt. Eglurodd fod Kenneth ac aelodau eraill y grŵp wedi cael eu rhybuddio lawer gwaith yn ystod yr wythnosau cynt am achosi niwsans i hen bobol, a hynny mewn ffordd fwriadol, ar eu motor beics yn y parc lleol. Ni chymerwyd unrhyw sylw o'r rhybuddion yma gan y grŵp ac yn awr 'roedd yr heddlu wedi derbyn cwyn swyddogol gan deulu un hen ŵr a oedd wedi mynd yn eitha sâl ar ôl i'r bechgyn achosi ofn iddo, a'i boeni'n arw yn y parc.

Byddai'n rhaid i'r heddlu alw gweithiwr cymdeithasol allan i ymweld â'r teulu er mwyn gwneud adroddiad ar y sefyllfa deuluol, cyn i'r bechgyn ymddangos gerbron y llys. Addawodd Sergeant Price y byddai'r swyddog hwnnw'n galw o fewn yr ychydig wythnosau canlynol ac fel yna y bu.

2.2.1 1(a) 'Y Siwrne'

Pam roedd Miss Rees, y Swyddog Prawf wedi gorfod galw i weld Wendy? Beth oedd hi wedi'i wneud? (2)

1(b) 'Stori Kenneth'

Pam alwodd Sergeant Price yng nghartref Kenneth? Beth oedd ef a'i ffrindiau wedi bod yn ei wneud? (4)

2.2.4 2. Mae Wendy a Kenneth wedi torri'r gyfraith.
Sgrifennwch yn gryno yn eich geiriau eich hun pam y bu'n rhaid i'r ddau brotestio mewn ffordd mor bendant. (10)

2.2.3 3. 'Stori Kenneth'

'Ni fyddai diwrnod yn mynd heibio heb fod 'na ryw helynt neu'i gilydd ar yr aelwyd!' Dychmygwch un o'r helyntion hyn a sgrifennwch y sgwrs rhwng Kenneth a dau aelod o'r teulu. (10)

2.2.2 4. Yn eich geiriau eich hun, esboniwch ystyr unrhyw ddau o'r canlynol:

'Y Siwrne'	'Stori Kenneth'	
cymryd arnoch	gorchwylion teuluol	
dwrdiai fi	efelychu	(4)

2.2.7 5. Ymatebwch mewn unrhyw ffordd a ddymunwch i UN o'r canlynol:

. Yr hen a'r ifanc
. Rhaffu meddyliau y munud yma
. Mae wedi marw
. Y pwysau sydd ar bobl ifanc heddiw
. Hwliganiaeth (10)

Cyfanswm 40 marc

GWAITH LLAFAR

(Llafar 2.1.2, 2.1.3, 2.1.4, 2.1.5.)

GWRTHDARO RHWNG FFRINDIAU

Mentro gofyn

Oes cymeriad fel Gethin ym mhob cwmni?
(O cê, 'wy'n shyto ypo, O ceio ... Jôc, wir yr, jôc ... Penwythnos brwnt, ife Jas? Ie, 'wy o blaid. 'Wy gant y cant o blaid ... Rhywbeth wedes i, ife? Sori.) Sut mae Jason, Jên a Rhian yn ymateb i Gethin yn y ddrama gyntaf? Ydych chi'n dod i wybod mwy am Gethin yn y dramâu eraill? Ydy e'n dal i wrthwynebu a chodi gwrychyn?

Dydd Sadwrn Rhydd

Sut rydych chi'n dod i ben â rhai fel Dave Evans sy'n mynnu siarad Saesneg? Ydych chi'n dweud yn blwmp ac yn blaen wrthyn nhw fel y gwnaeth Jên?

Beth mae eich grŵp chi'n ei drefnu ar ddydd Sadwrn rhydd? Oes gwrthdaro? Os oes, sut rydych chi'n dod i benderfyniad?

Un Jên sydd

Fyddech chi'n ymateb fel y gwnaeth Jên i Gethin sef syrthio allan dros y ffôn a rhoi'r ffôn i lawr heb wrando ar esboniad? Mae gwrthdaro rhwng Gethin a'i rieni, Gethin a'i frawd bach a Gethin a'i hen fodryb yn y ddrama hon hefyd. Trafodwch hyn.

Trafodwch berthynas iach, hyfryd Jên a'i chwaer hŷn, Alison. Beth am berthynas Alison a'r Albanwr, Jim, ac ymateb Jên iddo?

Codi'r Darnau

Mae llawer i'w drafod yma:

Cymeriadau Rhian a Jên ... ymateb gwahanol Rhian a Jên at fechgyn, at golli ysgol ac at ffugio nodyn absenoldeb ... rhegi ar ei gilydd dros y ffôn ynte mynnu cwrdd wyneb yn wyneb.

GWRTHDARO YN Y TEULU

Siarad Dwbwl

Ydy'r un cwestiynau'n codi yn eich tŷ chi?
Ga i fynd? ... Ga i liwio? ... Ga i ... newydd?... Ga i ffrind draw?
Beth am eich ymateb chi ac ymateb eich rhieni?
Oes sgyrsiau mwy difrifol yn codi fel yn nhrydydd pennill y gerdd?

Teulu   Caru mewn mwgwd   Sut hwyl?

Mae tair mam wahanol iawn yn y darnau hyn: y gyntaf yn dangos mwy o gydymdeimlad, yr ail yn blagardio ei merch ac wedi codi syrffed ar ei mab, a'r drydedd yn arllwys ei gofid am ei gŵr ar ei merch. Trafodwch nhw.

Cymharwch ymateb y mab yn 'Caru mewn Mwgwd' â'r brawd hŷn yn 'Un Cam ar y Tro', Mair Wyn Hughes.

Beth am y tadau? Dianc i'r ardd a wna yn 'Caru mewn Mwgwd',
gadael cartref yn 'Sut Hwyl?' Beth am y tad yn 'Stori John' (Rhamant) ac yn 'Un Cam ar y Tro'? Oes bai ar y tadau hyn neu a ydych yn cydymdeimlo â nhw?

Beth am freuddwydion y fam yn 'Teulu', breuddwydion ei merch, Elin, a realiti bywyd? Trafodwch.

Oes gennych chi freuddwydion?
Ydyn nhw'n gwrthdaro â'r breuddwydion sydd gan eich tad neu eich mam ar eich cyfer?

GWRTHDARO RHWNG Y CENEDLAETHAU

Dim byd i mi

Sut mae teimladau Gerwyn Williams yn dod i'r wyneb?

Pam, dybiwch chi, mae'n teimlo mor ddig wrth basio'r hen wraig?

Stori Kenneth

Mae Kenneth yn ymladd yn erbyn y byd. A gytunwch chi? Mae'n ymladd yn erbyn cenhedlaeth ei famgu, cenhedlaeth ei dad a'i fam a rhai yn ei genhedlaeth ei hun hefyd drwy ymuno â'r 'hen fechgyn gwyllt 'na'. Trafodwch.

Rebel

Mae Geraint Griffiths yn rebel yn y gân hon. Mae'n ymladd gwerthoedd y capel a'i rieni ac yn ymladd yn erbyn y sefydliad drwy ofyn cwestiynau. Beth am y llinell, 'Falle fod hi'n hen bryd ymddwyn fel rebel'?

GWRTHDARO O FEWN CYMDEITHAS

Tair agwedd wahanol   Gôl

Trafod hwliganiaeth mae'r ddau ddarn yma.

Torri'r gyfraith, ffeil gan yr heddlu, perygl yfed dan oed, perygl smygu, perygl ym mhopeth. Trafodwch.

Beth sy'n gwneud cymeriad Wil Tudno yn gredadwy?

'Fyddwn i byth yn gwneud dim byd fel yna eto.' Oes rhaid cael eich dal gan blismon cyn dweud hynny?

Hagrwch Hardd   Caethiwed Ieuenctid

Y Caethiwed yn y ddau ddarn yma yw'r ysgol. Trafodwch sut mae ysgol yn caethiwo a sut mae'n paratoi pobl ifanc at ryddid.

Taswn i'n athro, byddwn i'n dysgu plant i ...

'Yr adeg y bydd hi'n braf go iawn fydd yr adeg pan fyddwn ni wedi gorffen yr ysgol.' Trafodwch.

Oes gwrthdaro neu wahaniaeth rhwng eich agwedd chi ac agwedd oedolion rydych chi'n nabod ar y pynciau mae'r ddau ddarn yn eu trafod?

Y Siwrne

Dwyn wnaeth Wendy. Dyna ei phrotest hi. Yn erbyn beth? Yn erbyn pwy? Ydych chi'n cydymdeimlo â hi neu yn ei chondemnio?

CYFLWYNIAD A DIWEDDGLO

Dianc   Angladd John

Oes elfennau o wrthdaro yma ynteu, yn syml, ai dwy agwedd ar ieuenctid sydd yn y ddwy gerdd?

GWAITH FFOLIO

Adran A (5.3.5.1.)   **Gwaith Dychmygus**

1. Portread o gymeriad fel Gethin neu Dave Evans.

2. Dydd Sadwrn rhydd yng nghwmni grŵp o ffrindiau.

3. Sgript fywiog yn adlewyrchu teulu neu ffrindiau yn cytuno ac yn anghytuno.

Adran B (5.3.5.2.)   **Cyflwyno Gwybodaeth**

1. Holiadur yn chwilio am wybodaeth

    a. ynglŷn â cholli'r ysgol. Beth yw'r rhesymau dros golli?

    b. ynglŷn â llythyrau absenoldeb. Sut gânt eu hysgrifennu?

    c. ynglŷn â gwaith cartref. Faint sy'n cael ei osod, ei gyflawni, a phryd a lle caiff ei wneud?

Wedyn gellir sgrifennu adroddiad ffeithiol ar agweddau grŵp neu ddosbarh ar y testun

1. Absenoldeb a gwaith cartref ymhlith rhai 14 + .

2. Mamau fel y'u portreadir yn 'Teulu', 'Caru mewn Mwgwd' a 'Sut Hwyl?'

3. Dynion ifanc a hŷn a'u protest fel y'u portreadir yn 'Caru mewn Mwgwd', 'Un Cam ar y Tro', 'Sut Hwyl?' a 'Stori John.'

Adran C (5.3.5.3.)   **Mynegi Safbwynt**

1. Dewiswch un neu ddau o'r cymeriadau hyn:

Kenneth yn 'Stori Kenneth'
Geraint Griffiths fel mae'n cyflwyno ei hun yn 'Rebel'
Wil Tudno yn y stori 'Gôl'
Wendy yn y stori 'Y Siwrne'

Rhowch eich barn ar yr hyn maen nhw'n ei wneud a'r hyn maen nhw'n ei gredu.

2. Hwliganiaeth yw protest yr ifanc heddiw.

3. Caethiwed ynteu paratoi at ryddid yw blynyddoedd ysgol?

4. Gwrthdaro ynteu cytgord a dealltwriaeth sydd rhwng yr hen a'r ifanc?

5. Rhyddid ynteu penrhyddid yw nod pobl ifanc heddiw?